U0942306

這座城市叫香港

黃宇軒

著

目次

自序
散步之餘

2022 年寫《香港散步學》時，我設計一些路線，期待讓人遇上可能之前錯過的、香港的角落，分享城市的美麗與趣味。2023 年寫《城市散步學——以香港作為起點》時，我不再推薦城市裏的角落，反而思考，如果一個人走到城市不同地方，如何發掘屬於自己的觀察角度，看出城市中有趣的東西？當我們有了這些觀看角度，就不需依賴他人的推薦，也能在行走時獲得無窮樂趣。

寫這本書時，我想它不只關於美學、趣味、城市觀察等，反而希望它關於認識香港。香港多元複雜，所謂認識也可以有很多種面向，人們總喜歡引用詩人和學者也斯那道問題：「香港的故事，為什麼這麼難說？」難說歸難說，也斯的文字，就經常告訴大家，認識香港的其中一種方向，就是思考和書寫香港的城市空間，透過寫這些地方，找出香港的形象。有一本書叫《也斯的香港》，輯錄了也斯的一批文章，其中一些，就是一篇一篇的地方書寫。

這本書背後有個想法，認識一座城市的重要方法是，談論它「不可不去」、最有代表性、累積了特別多意義的地方。這些地方的特質、發生過的事、曾開展的對話，揭示了一座城市的社會和文化狀態。認識一座城市，其中一種方法就是逐一認識那些被人們頻繁使用與講述的場所和空間。城市研究和人文地理學的訓練讓我確信，如果要「閱讀」城市，不能僅停留在文本，還需要走進、觸碰真實的地方。

帶着這想法，我構思一個想像的計劃，模擬跟一個很想認識香港的朋友，用一年時間，每星期去一個地方，書寫那個地方的變化與意義。於是，我寫了這本書。

最先有這種走遍香港的構想，是受記者曾曉玲的啟發。從 2017 至 2020 年，我和她差不多隔週走訪一個香港的地方，完成刊在《明報》隔週的專欄「Ways of Urbanist Seeing」，其時她書寫實地觀察，我則寫地方帶來的聯想與相關的城市概念。這欄目共刊出五十多次，背後是五十多次真實旅程，可說是這本書的雛形，部分的篇章也用到當時的書寫。2023 年，我跟曾曉玲再合作每月刊在《明報》的欄目「去埋呢度先」，跟一位即將長時間離開香港的朋友或陌生人，去香港一個地方。「去埋呢度先」一共刊出十二次，進一步啟發了這本書的構想。「Ways of Urbanist Seeing」和「去埋呢度先」計劃的開展，讓我發展出一種書寫城市的取態，而這兩個欄目可以實現，一方面要感謝曾曉玲的參與和對話；另一方面也全因《明報 · 星期日生活》的編輯黎佩芬促成，沒有她們，不會有這本書，在此特意致謝。

自 2022 年《香港散步學》出版至今三年，很多讀者朋友曾參與我在香港各區舉行的「散步團」，還有無數讀者在講座、分享會和網絡跟我交流。這些朋友提到的地方聯想和記憶，讓我確信地方書寫的可能，才確立了這計劃的方向。我在此感謝所有讀者，以及與我作過一切「地方對話」的朋友。

書寫書中的五十個地方時，我深深感到各種改變地方的行動者、研究者、創作者和思想家的影響，他們啟發了無數人重新理解這些地方。雖不可能羅列全部名字，我想藉這機會感謝他們，尤其是提出各種超越主流城市發展模式的民間機構、社區組織與行動，書寫和研究香港城市文化的前輩與同代人，還有用各種形式展現過香港地方的創作人。

感謝樊樂怡和姚詩婷，分別借出和授權使用大澳和上水的照片。謝謝設計師鄭志偉 @SomethingMoon Design，我是他的擁躉，除了精采的設計外，他的城市書寫也出色。謝謝曾曉玲的文字協力，令這本書順利完成。這本書的編輯史曉晴，一直鞭策我寫出所想，沒有她，這本書絕不可能面世，我一直心存最大感激。謝謝她與突破機構及突破出版社，讓我深受鼓勵，寫作在這個年代很難，遇上這樣好的編輯和出版社，是無比幸福的事。

最後，謝謝這座城市，和在這座城市裏創造可能性的人。

Week 1
出發之前，第一星期
香港真係好 ____

我經常都思考，香港是一座怎樣的城市？

如果有人問我這道問題，我可能要引用曾紅遍網上討論區的「我唔直接去答你，用例子答」來回應。我會提議，不如我們用一年時間，每週末走訪香港的一個地方作為回答。這樣的提議有兩層意義：第一，一座城市難以被幾個概念或形容詞定義，它充滿各種可能與矛盾；第二，城市是一種空間尺度，位於區域之中，由無數地方組成，各種地方的意義交織，共同構成一座城市的性格。就像一個人的性情，根本無法單以近年流行的 MBTI（Myers-Briggs Type Indicator）完全概括，而是需要更多的形容——他是溫柔的、慢熱的、有條理的，又或他對某些事情執著，又對一些事情豁達等。

從這個想法出發，我構想了行動代號名為「這座城市叫香港」的奇想計劃，思考若有朋友問，「香港是一座怎樣的城市？」並願意每星期跟我走訪一個地方，這張清單要列出哪些地方，才有力地回答這個問題。這張清單無可避免地帶有主觀色彩，但意思並非純粹出於個人情感，而是我的選擇必然受我的知識體系、價值觀、多年來的觀察與經歷的社會大事影響。在此，我應該交先代我的身位。

我受城市研究和人文社科的訓練，也關注城市的視覺文化，一直把目光放在引發熱烈公共論述、激發想像力、定義香港形象，以至深刻影響城市發展軌跡的地方。例如，十多年前西九未來的發展被高度關注，它的好壞與變化改變大家怎樣理解香港，西九因此成為一個必去的地方。天水圍曾出現一系列社會問題，激起不少創作人以作品回應，這些文本就是對城市的想像。除了論述、想像與形象等，公民的日常生活，在哪些地方活動、消費、享樂、聚會、休憩同樣重要。要了解一座城市，需要走進生活現場，選擇具代表性的例子入手。

城市由有權力者規劃與塑造，也由公眾的參與及行動改變，兩者並重，因此清單上要有最龐大的發展計劃，如在殖民晚期被建造的機場，牽扯到中英的政治角力，也要有羣眾熱切希望主宰其變化的地方，如有幾場城市運動在其中開展的灣仔，冀求保育街道與建築，有成功也有失敗，卻影響幾代人的價值觀和對城市的看法。價值觀是一個關鍵詞，問到「這是一座怎樣的城市」時，其實也是問這座城市代表（Stand for）什麼，有哪種價值取向。一個地方的形態，大眾的使用與觀點，以至為城市說過什麼、做過什麼，皆反映不同的價值觀，而同一片地方盛載的價值，有時是充滿矛盾的。

我有我的局限，在 1990 年代成長，2000 年代讀高中和大學，難免側重關心香港在 2010 年代前後的變化，但這也不完全是偏頗的。站在當下回望，大約從 2000 年初至 2010 年代末，生活在香港的人有了不同的城市意識，對城市空間的變化愈來愈敏感，也開始透過行動回應，甚至轉化為多層次的參與，身體力行，試圖塑造理想的城市空間。當我們回望這些曾有參與痕跡的地方時，或可更體會這座城市的喜怒哀樂。現在，在時裝與潮流領域流行「Y2K」，我的清單選擇也是另一種意義下的「Y2K」了。

另一層考慮是，挑選的五十個地方，不能地理上偏向一方，例如不能只選香港島，需兼顧中心與邊緣。「這座城市叫香港」計劃的「盲點」是，無法觸及作家劉克襄稱為「四份之三的香港」—— 鄉郊與未開放的地帶。認識鄉郊對認識香港同樣重要，近年也有不少研究聚焦在那四份之三的香港，但我列出清單時，選擇聚焦我熟悉的範疇，專注於狹義而言的城市——那些高度都市化和開發了的區域與土地 。

有了上述思考，選定五十個地方後，接着進入這幻想計劃的下一步。假設你是那一位跟我每星期走訪這些地方的朋友，我在出發前的晚上，會先傳一篇文章給你，分享我挑選這地方的原因，以及背後的思考。這些文章不會太長，以免把你嚇跑，也不會描述現場的細節與風景，留待翌日親身體驗、觀察。這些短文是我思考的脈絡，伴隨那篇短文是一張照片，簡單解說地方的意義，又代表了香港的哪種面向。這一切都是幻想，我期待有讀者被這些文章勾起興趣，跟着路線逐一前往，得出自己的答案——「原來香港是這樣的城市！」

這些年，很多人重新發現「香港真係好靚！」這句「好靚」的背後，可能指向的是實際的某處地方——從尖沙嘴望向中環的天際線風景、西環一角，又或是尖東的老商場。香港的「好靚」，是多元和多種意義的，來自各個地方。「好靚」只是起點，香港有數不完的特質，我們也可以說「香港真係好 ____」，那空白可由一系列有不同意義的地方填充。

以上是為了回答「香港是一座怎樣的城市」，出發到訪這五十個地方之前的思考。

這是幻想中的五十二週，一年的旅程。第一星期，我們哪裏都不去，盯着網絡上的香港地圖，放大縮小，細看哪些地方最常到訪，又有哪些從沒踏足。若要挑選五十個地方認識香港，你最先會選擇的是哪裏？繼續翻下去，你或會發現我們的選擇與思考的異同。接着，我們思考在「好靚」以外，若要填寫「香港真係好 ____」，你會填什麼？這個詞語從哪個地方印證？通過這樣的反覆思考，我選定了接下來的旅程。

預備起行，香港是這樣的一座城市。

這個星期，我們去⋯⋯

形象

有些地方是人們一想到一座城市，就會最先想到的，可說是最能代表那座城市的地方——有時是最多人談論、有時是最多旅客到訪，又或最多影視作品以此呈現城市的感覺。想起紐約，你會提到曼克頓；提起東京，你會想起新宿和東京鐵塔，那香港呢？既有遠近馳名的中環與旺角、有從山頂一覽無遺的夜景、從尖沙嘴望見對岸高低的天際線，也有以效率聞名的機場，還有曾經被一些學者認為最代表這裏生活形態的沙田。

Week 2

山頂

最標準角度

Ⓐ
形象

→

Week 2
山頂

香港最常被形容為「國際大都會」，對外宣傳時也自稱「亞洲國際都會」，說得清楚一點，它的國際、它的大、它的重要，很大程度上指向香港從上世紀 80 年代起，漸成一座顯著的「全球城市」，來自各地的金融資本流通此地，人才都聚集在此。

「重要」這個形容本來有點抽象，但近年有些人提出了「摩天大廈指數」（Skyscraper index）的概念，將興建高樓與經濟週期掛鈎，側寫出金融業發達的城市、「重要」的城市，不少都有特別多摩天大廈，尤其是最新潮而又折射出野心、以玻璃幕牆包覆的商業大廈。

無數摩天大樓擠在一起，特別是維港兩岸的密集並置，共同構成了很多人心目中「最香港」的那道風景，彷彿插滿高樓的畫面，就是香港「特別重要」的憑證。

縱使這絕不是香港人日常生活中經常看見的那個香港，但若未居高臨下看過維港兩岸擠滿高樓的景象、那個像刻着「大都會」三個字的畫面，對許多人來說，就像沒去過香港似的。

從小到大，我都會問為何遊客那麼喜歡去「山頂」？長大後始知，大家追尋的，正是那想像中教科書模樣的香港大都會形象。從其英文地名 The Peak 可以理解，它被喚作「那山頂」、最重要的山頂，但跟太平山是否最高無關，即使遊客上落車的纜車站和凌霄閣都不是該範圍的最高點，山頂公園就在更高的位置。

作為景點的太平山山頂，連同這一帶的消費設施之所以重要，實因當權者和旅遊業多年來塑造的信息：來到這裏，你就可清晰見到「那個香港」，最典型作為大都會模樣的香港，尤其在收費的觀景台與餐廳

裏，這景觀成了香港最具標誌性的商品。多年來有一種說法是，從這角度看香港，就能看到世界三大夜景之一。

全世界的大城市都有被創造出來的所謂最高點或觀景台，可以飽覽整座城市的景觀，我們也許可自我提醒，香港的「山頂」其實不能看到整個香港，這只是其中一種看香港的角度，但漸漸被當作最重要的視點。也許因為這樣，對本地人而言，這角度也有點「罐頭」，到山頂只會偶一為之，因為來到這裏，一切好像既定的套路，商場和餐廳都似乎只為遊客服務了，如果真的忽然有居高臨下看香港的欲望，或許會去其他遠離這種套路的另類地點。

山頂總讓我想到陳果的電影《香港製造》(1997) 中，由李燦森飾演的中秋在白加道纜車站嘗試殺人但失敗，及後徒步走下山的一幕。自此之後，我就對所有通往山頂的路很感興趣。媒體藝術家伍韶勁的作品 Record: Light from +22° 16' 14" + 114° 08' 48"，在維港附近向上望，記錄山頂那一點點遊人拍照而生的閃光，亦非常動人。

有趣的是，只要遠離旅客聚集的一帶，沿着盧吉道行走十五分鐘左右，就會到達盧吉道觀景台，在此也能看到同樣壯麗的維港兩岸景觀，感覺更開闊和更「真實」。可能遠離了一切轟炸遊人的旅遊資訊，亦可能跟消費拉開距離了，一下子，同一片景觀竟不再那麼像商品。

也可能因為，行走在這百年古道上，感覺比較踏實，像接通了這棧道原初被修建時那較樸實的觀景通道。到達盧吉道觀景台前的十分鐘路程，路上只看到大樹，每次帶着期待一直往前走，像走進了時光隧道，回到一個簡樸環境。為着尋找更理想的觀景位置，走這十來分鐘兩旁只有植物與石壁的路，是我心目中去山頂的「正確走法」。

盧吉道的美麗，在過去這十多年坊間已有更多相關報導，例如《明周文化》有專題〈【在盧吉道散步】百年步道　魔幻與現實〉，而大眾對這條路的情感甚至曾牽起一場反對路上大宅改建成酒店的運動。有時我也會想起的士誤入這條窄路後的奇事，讓人哭笑不得。

漸漸，對許多人來說，「去山頂」不再意味着在凌霄閣一帶活動，而是走到盧吉道上漫步，尋找那片「最香港」的景觀，走一段讓人心神安靜的路。這段路的安靜，像把原本被高度商業化的那片景觀轉化成平靜風景，山下的繁華與盧吉道的原始構成對比，反而最動人。

Week 3

機場

赤鱲角的地方感

我們說機場，說的當然是赤鱲角機場，又或更官方的名稱是「香港國際機場」。

曾經認識一位朋友，他趕寫博士論文時，每天坐車去赤鱲角，在機場裏寫論文。這或者是很另類的選擇，但朋友說機場好像一個完全脫離這座城市日常節奏的地方，而且光線明亮、冷氣充足，可讓他專心寫論文。說也奇怪，自此之後，我也想過視機場為放假散步觀察的目的地，因為平素去機場過於具有目的，來去匆匆，對這地方既熟悉又陌生。

赤鱲角機場的明亮舒適相信是普世認可的，不然不會得到無數關於建築和營運的獎項。香港作為全球化進程的重要一員，曾是全世界最矚目的城市之一，這機場硬件與軟件的出色，今天看來猶如反映着1990年代末香港上下野心勃勃的姿態。建築師諾曼．福斯特（Norman Foster）畢生重要的設計中，香港機場是他首屈一指的作品。

如今走進其中享用這座機場的效率與經過精心設計的空間，很難會記起它曾經是具爭議性的一項基建。1990年代初，中英雙方曾爭持不下，是否該在主權移交前的過渡期動工興建新機場、政府庫房的儲備是否應留下來、建設的負債該由哪方承擔等。曾經被期望在1997年完工的機場，終在1998年開幕，時間點也耐人尋味，剛好遇上了金融風暴，城市的氣氛已不像1997年時樂觀。

這些政治經濟的狀況，曾幾何時是每個踏足赤鱲角的香港人都難免想起的。政治經濟上的爭議外，很多人也因為建造赤鱲角人工島前的生態調查和新聞報導，對原本棲居在那一帶的盧文氏樹蛙和中華白海豚有了更多認識。

曾經香港人不習慣坐飛機要從市中心的啟德機場，改為「千里迢迢」前往赤鱲角，今天這趟旅程卻成為大家旅行的一部分。大家也許都經歷過「不要把機場想像得那麼遙遠」的心理建設過程，而後來機場附近興建了亞洲國際博覽館，成了主要的音樂表演場地之一；然後旁邊也開始建設港珠澳大橋口岸，大概一步一步讓更多人習慣往赤鱲角去，那一角的人工島成了香港人「去慣去熟」的一帶，原本純功能性和感覺跟日常割裂的地帶，彷似成了日常的空間。

不少攝影愛好者會特意坐巴士去機場維修區和赤鱲角南路巴士站拍照。我在地圖上尋找這些地方的位置時，就會想起那位在機場寫論文的朋友——機場所在的特大人工島，被大家以不同方式使用和探索，留下記憶。

大部分日常的城市空間都可以步行前往，但大部分城市的機場總是故意遠離一切社區，限制要以交通工具到達，很多是完全沒有路徑從附近社區走過去的。但是，我曾特意嘗試從東涌行路去機場，才發現原來真的「可行」。從東涌北端的達東路花園，走過赤鱲角南路到達機場所在的島上，走一個多小時就能到達機場客運大樓。這些年來，若有人問奇特的散步路線，我總是推介這樣一試，嘗試親近機場這功能性而外在於生活的空間。

多年來，關於城市空間的文化理論，有時會提出「非地方」(Non-place)這個概念，去描述和分析一些高度功能性、人們來來往往而無法積累情感和記憶的場所，而機場總是最先被舉出的例子。但是，一個城市的人還是會慢慢將機場空間轉化成有各種意義的地方，赤鱲角這些年來，好像也跟香港人拉近了一點距離、親近了一點點。

Week 4

中環

矛盾的魅力

我跟不少人一樣，在少年時代，即使在港島上中學，一直覺得中環「生人勿近」，或是說那是成年人、上班族才去的地方。直至我有系統地認識香港社會和城市發展時，其中一項最衝擊的發現是，中環有無數世界在碰撞，不只有代表銀行與金融業的高樓大廈；海旁是一個世界，蘭桂坊是一個世界，荷李活道以上的半山又是另一個世界——重要的殖民歷史和政治進程在此開展，古蹟與現代建築在此，夜生活也在此。

中環不是傳統意義上城市發展中慣見的核心商業區（Central Business District，CBD），既不像紐約的華爾街（Wall Street），也不像倫敦的Square Mile或西堤區（City of London），不會假日就變成無人地帶，人們下班後也不必遠離中環。中環的獨特之處在於它如同香港的縮影，混雜、壓縮，甲級商廈、四季酒店與半山的鐵皮糖水店和士多，俱在中環。這種複合的狀態，是這座城市重要的一面，而在中環，那狀態加倍明顯。

重新發現中環有多大前，讀過作家龍應台駐留香港時寫的〈香港，你往哪裏去？〉，印象深刻。這篇文章在報紙上刊出後，激發大量文化評論人的回應與補充。文章本在談香港是否需要有文化政策，開首也從當時尚未確認會保育和活化的大館歷史談起。這篇文章令我忽然對中環好奇，因為龍應台寫到中環有沉澱百多年的歷史文化，同時提出香港有一種「中環價值」。一時之間，「中環價值」成為討論香港文化的關鍵詞。

作者本意是用「中環價值」指向香港發展與經濟至上的價值觀，讓文化發展一直被壓倒。但我當時想着「中環價值」一詞，反倒不是抗拒中環，而是對中環更加好奇：中環充滿矛盾，歷史痕跡處處，不正是完全反轉那意涵嗎？於是，之後一段時間，探索中環是我給自己重新認識香港的功課。

Ⓐ
形象

→

Week 4
中環

我們來看第一個中環，是圍繞滙豐總行大廈的一圈，在此可遇上堪稱最矛盾的狀態。

現已儼然成為香港標誌的滙豐總行第四代建築，在設計與興建之時，是香港前途問題天天在新聞上被談論之際，著名建築師諾曼·福斯特的嶄新設計完全擺脫了前一代摩登建築的元素，用上大量鋁和玻璃幕牆，以向前邁進的全新形態，在不確定的時代，像是傳達一個香港必然會走向未來的信息。這建築地下大堂是「打開」的，所有人都可步行穿過。在 1990 年代，香港家庭大規模聘請外籍女傭，主要來自菲律賓的傭工，在週日放假時多在中環聚集，並漸漸令銀行的地下大堂成為她們最重要的休憩和聯誼空間。

相信設計師在設計大堂時，即使設想那將是開放的地方，也萬料不到香港社會發展的軌跡，在偶然間令它成為一片被社羣開創的新型公共空間。香港本來給予外傭休息的地方不夠，她們巧妙地發現與佔據了那本來代表香港資本主義和未來繁榮穩定的建築。自此之後，這畫面總讓世人嘖嘖稱奇，這種矛盾和混雜的狀態，正是香港城市空間獨特之處，而香港人早就司空見慣。那情景超越了對香港一貫概括性的描述，外傭在滙豐總行聚會的照片，亦成為了其中一組最常被用來思索公共空間的畫面，有些城市研究的學術書，如 *Insurgent Public Space: Guerrilla Urbanism and the Remaking of Contemporary Cities*（2010），就用上這畫面為封面。

那畫面只是中環一帶充滿複雜性的其中一幕，僅是一街之隔的皇后像廣場和遮打花園，則是一部香港公民社會發展的歷史。當美國有人發起「佔領華爾街」後，運動傳到香港，反資本主義的羣眾選擇佔領滙豐大堂，也令這一帶更添一重矛盾，它在中環金融世界的中心，但在此可以開展的事遠遠超越了所有人的想像。

我很喜歡第一種中環考察行程，就是在長江公園望向中環的車水馬龍，慢慢走到滙豐總行大廈，再走過皇后像廣場、遮打花園和終審法院大樓。在這一帶的中環，彷彿什麼事情都發生過。

Week 5

旺角

在西洋菜南街共舞

Ⓐ
形象

→

Week 5
旺角

談起旺角，最先讓我想到的，不是實際的街道和大廈，反而是一種可能來自電影的城市想像，那種想像把旺角視作犯罪和黑暗的溫床。

從王家衛導演的《旺角卡門》(1988) 到查傳誼導演的《旺角揸 Fit 人》(1996)，再到教人印象殊深、由爾冬陞執導的《旺角黑夜》(2004)，都把旺角描繪成一個犯罪組織活躍的地帶。而《旺角黑夜》特別描述旺角為全世界人口密度最高的地方，人煙稠密的鬧市中隱隱然有罪惡潛藏，定調了許多人心目中的旺角。聽說，今天還有遊客因為電影，以為在旺角街頭一定會碰上幫會人物。

如今這種想像也許跟現實有點距離，但旺角街頭人來人往，帶來一種超高密度的街道體驗，的確讓人感到無數「瘋狂」事隨時可以發生。所謂的旺角體驗，作為最香港的體驗之一，是一種略帶瘋狂的街道狀態，在這區幾條街道上，往來人多，各種活動同時進行，造就一種不易在其他城市遇上的密集和雜亂。

就此而言，去旺角就是要漫行和觀察人潮最洶湧、最擠擁的幾條街道，即西洋菜南街、砵蘭街、通菜街、彌敦道等。對長居香港的人來說，那種街頭狀態司空見慣，如果抽離一點看，卻別具一格。獨特不只在於人多，更附帶一種瘋狂和混雜，街頭的氣味、聲音、活動，幾近失序。這種混雜與電影帶來的罪惡想像相連，讓人覺得這裏彷彿能暫時擺脫城市秩序。

察看這種瘋狂並不難，先達廣場外紅色小巴上落客與排隊的人羣、女人街朝行晚拆的排檔，加上後方被排檔遮蔽的食肆和商店、幾條主要街道上無數派傳單的人、露天街市的熱鬧，都把感官刺激推到極致。在這些街道上行走，絕不能低頭滑手機，必須無時無刻打醒十二分精

神，因為眼前的突發狀況總在意料之外。總之，旺角的街道每時每刻都在「亢奮」的狀態。

曾經，這種旺角街頭的混雜曾被視作良性的，甚至被進一步鼓勵。自2000年起西洋菜南街曾被劃作行人專用區，促成堪稱最自由和最難以預料的街道。當時人們會在街頭表演、舉行研討會，以至進行有互動元素的廣告活動等。那些年的西洋菜南街，人頭湧湧，不少人都曾在這裏聽過街頭演唱、看過表演，甚至拍過即影即有合照。詩人陳滅曾在作品〈說不出的未來〉（2007）提及形形色色在路上活動的人，「寬頻人、信用人、保險人、問卷人還有電器人和車牌人」，而音樂人黃衍仁也曾在文章〈西洋菜慢火滾八樓與我〉（2007）描述那街頭盛況，如何在青年時代啟蒙過他。

「菜街」的混雜帶來龐大人流，那聲浪與看似無秩序的情景，居民不易接受。在爭議聲中，行人專用區在2018年被取消，這個曾是香港城市史上最開放和實驗性的空間之一，戛然而止，成為歷史。但是，如今走在街上，我還是像有幻覺般，偶能「看到」和「聽到」那異乎尋常地存在過的熱鬧街頭。

在城市研究中，偶有論者談到街道可以是一座城市最重要的公共空間，而觀乎在全球不同城市，能夠成功引導龐大人流與多元活動到街道上卻不是容易的事，既關乎設計與研究，也關乎政策與文化發展。珍・雅各（Jane Jacobs）的經典著作《偉大城市的誕生與衰亡——美國都市街道生活的啟發》（*The Death and Life of Great American Cities*, 1961）中，其中一個最有名的概念，就是描寫街道上的「芭蕾舞」。作者描畫若大眾願意在街頭逗留，進行各種不同的活動，就如組成一種「共舞」，讓街道充滿活力，而當街道上的人互相注視，比沒有人願意逗留的街道安全。

走在旺角主要的街道上，回想西洋菜南街曾經設有行人專用區，我總想到那些有關街道活力的討論，並想到諸種活動並行，混雜得幾近失序，日復日變化萬千的街道，是我心目中旺角「最旺角」的一面。

我很喜歡留意在不同城市中，大家會約在哪裏等朋友。多年來，無數人曾約在「旺角地鐵站 E 出口」等，尤其是 Body Shop 門外——這個最熱門的答案，正是面向着熱鬧的西洋菜南街，有時我們等人的時候，也可細看這場大型又親密的城市街道共舞。

Week 6

星光大道

沒有星光的海濱長廊

Ⓐ
形象

→

Week 6
星光大道

在陳果執導「香港三部曲」的《細路祥》(1999) 中，八歲的小孩祥仔在香港主權移交前跟「小人蛇」阿芬倚着尖沙嘴海邊圍欄，高呼「香港係我哋㗎」，是我心目中香港電影非常經典的一幕。

如果有一份給遊客的問卷，了解他們最想在香港看見什麼，可能最多人的答案是這樣：港島北岸從北角到西環那大都會的天際線。多年來，大眾認為站在尖沙嘴海濱就能坐擁最理想的視野。從上世紀 60 年代起，當香港還在工業化，尖沙嘴海濱已「跳級」加入了全世界都市去工業化的浪潮，將原屬鐵路與碼頭的貨運與基建地帶，一步步重塑為大眾消費、文娛、旅遊和商業的重心，就此而言，尖沙嘴海旁早已走在潮流尖端。

80 年代，香港踏入去工業化和邁向國際城市的過程，除了逐步體現在海港城、文化中心、麗晶酒店、新世界百貨商場，年年月月在尖沙嘴海旁看對岸的天際線，亦看到香港的變化濃縮在眼前。

海旁其中一段長約四百四十米的海濱走廊，特別被命名為「星光大道」。1997 年後，出現有關「創意城市」的大論述，漸漸讓文藝娛樂跟旅遊業，以及香港再定位的焦慮結合，從大型表演「維港巨星匯」、燈光騷「幻彩詠香江」，再到西九文化區，維港作為文化資產被用作跟不同產業「炒埋一碟」。

2003 年，非典型肺炎疫症肆虐，全民最沮喪的日子可說是「哥哥」張國榮的離世，接着世衛對香港發出旅遊警告；5 月 23 日，世衛解除警告，香港不再是「疫埠」，全城歡騰，有些人也許會記得時任財政司司長梁錦松當晚於蘭桂坊受洋人女子簇擁的慶祝畫面。同一天，星光大道「出世」，旅發局宣佈新世界斥資四千萬元興建星光大道，原意是夾好時間公佈消息沖喜。

Ⓐ
形象

→

Week 6
星光大道

星光大道運作後，常被指迎合遊客口味，名人手印和電影主題對香港人沒有獨特吸引力。2011 年，CNNgo 選出星光大道為全世界「第二伏」的旅遊陷阱（Tourist trap）——即使這段路依然終日人山人海，也似乎要尋求改變。這讓人想起，阿姆斯特丹在人頭湧湧的博物館廣場設置「I amsterdam」的雕塑，被批評為壞品味、欠缺跟地方的實際聯繫和過度引來「打卡」人潮，終在 2018 年底被移除了。是以，星光大道 2015 年底被關閉等待「推倒重來」時，有些城市文化評論人提出，該段海濱不應再被主題化為星光大道。

星光大道在 2019 年重開，管理與翻新這段路的地產商新世界聘請了曾參與設計紐約高架公園（The High Line）的知名園境建築師 James Corner 操刀改造。星光大道 2.0 所用的物料和設計的細節，因而與一般公營海濱長廊有顯著分別，以海浪波紋作為概念的視覺主題，鋪地石塊的形狀和質感、連接欄杆部分的彎曲縫隙、讓人儘量站近海邊而線條簡潔的欄杆、跟其他海濱有不同設計的座椅、植物與座椅的配搭，甚至星光大道新標誌與告示的平面設計，都讓人耳目一新。

大道稍稍拓闊了，連同各項細節共同塑造出較強的空間感。定調星光大道 2.0 的，還有組成大道最外層（Cladding）的每一塊預製混凝土組件，視覺上加添了悅目的層次，從此大眾認得的星光大道標記，有一部分就是這些組件的形態。

已故香港藝術家麥顯揚設計的電影女神像，與麥兜銅像，分別在大道兩端提醒人們「星光」的在場，但新設計將名人掌印移到圍欄的深啡色平面，讓這元素變為隱身其中，淡化了星光大道的意味。

重新設計星光大道的 James Corner 曾提及，這地方肯定會是世上最多人拍照放上 Instagram 的地點之一，每年有上億張照片被上載也不出奇。但是大家都知道，被拍攝與觀看的主要對象，仍是維港和對岸風光，這難免引發猜想，假以時日若這段海濱再被改造，電影元素大有進一步退場的可能。

2003 年的決定與設計促成了星光大道，但要在那位置經營想像中的那種景點，似乎無法取悅大眾。星光，始終還是來自那象徵城市變幻的天際線。

Week 7

沙田
學做香港人

香港其中一種最影響大家思考何謂安身立命的城市形態是新市鎮，前身叫衛星城市。在麥理浩時代，新界的新市鎮發展極具野心，沙田、屯門、荃灣均被規劃成自給自足的龐大社區，居民不必離開新市鎮便可滿足就業，以及各種教育、醫療、文娛的需求，而且居所有一定質素。

像在沙田，沿着城門河兩岸，有河畔的中央公園、沙田大會堂及新城市廣場作為中心，一字排開是兩岸的公共屋邨與私人屋苑，這些地方之間都可步行到達，各自有滿足不同需要的商戶。

這個說出來幾近像烏托邦的想法，彷似在半世紀前已呼應着新冠疫情時大為流行的「十五分鐘城市」藍圖。這個理論因應疫情，強調不用搭上交通工具，在細小的範圍內就可解決日常一切需要，是其中一種美好生活的想像。香港的新市鎮未至於是十五分鐘城市，而幾代新市鎮中也有被認為規劃上比較成功或失敗的。如果以身分認同的角度看，沙田建設得極為成功，在沙田長大與生活的人，不少自稱「沙田友」（一定程度上因為跟水果「沙田柚」同音），而且沙田友往往會說習慣了該區的生活模式，「返唔到轉頭」，很難適應搬往別區。

2007 年，傳播學者馬傑偉在報章上的專欄〈中產沙田甘於平凡〉發表了很精闢的觀點，指居住在沙田的人，深受空間塑造意識，不少都有一種平穩向上流動的想法：從沙田的公共屋邨搬到私人住宅沙田第一城，再搬到更中產的屋苑。這裏的「平凡」，不是一種批評，而是描述 1970 年代之後一種新公民意識的誕生——平穩同時相信專業與行政，偏好井然有序的做事方法，「從來不會有洶湧的波濤」，建立小康家庭是畢生志願。

這種描述，如果以社會學家呂大樂「四代香港人」的說法，也就是說戰後嬰兒潮的一代，漸漸在 1970 至 1980 年代轉化成一種當時的「新香港人」，他們擁抱的價值與生活，正融入新市鎮的生活中，例如慢慢學習在商場消費、在日資百貨購物飲食、假日去看樓盤示範單位等。

後來，香港批判地理學會的成員鄧永成、陳劍青、王潔萍、郭仲元和文沛兒亦在報章上發表長文〈回溯「沙田價值」——超越中環價值的歷史地理觀〉，進一步提出「沙田價值」相比「中環價值」，更精準地捕捉了香港的核心價值和中產文化，非常有力地說明一種主導香港的價值觀。而「強調秩序、系統化、功能化、專業形象」的香港核心價值，深受新市鎮生活形塑。

相信繁榮穩定的可能，自豪並認同殖民政府的功績，是多年來香港人擁抱的，但也是後來的八十後、第四代香港人，以至新一代想要挑戰的核心價值。

多年過去，「沙田價值」也許曾被動搖。近年，香港人對居住的想像變化多了，不像上世紀末完全崇尚新市鎮，但今天走在沙田，從一個屋苑漫步到另一屋苑，那種井井有條但不失活力的感覺還在。社會文化理論多提及空間與社會意識互為影響，「沙田價值」實在是難得非常在地，也很有說服力的應用案例。

建築與樓居

在一座城市生活，最核心的意義是在這裏有棲身的居所。城市居所的形態和其產生的文化，千變萬化，從低密度到高密度、從公共房屋到私人樓宇、從住在城市中心到住在城市邊緣，都影響人是否可在城市裏安居。談香港與居住，唐樓、公屋、私人屋苑、豪宅都各有代表。這裏沒有特別談到建築，但有兩個地區，是在香港看建築與保育時會最先想到的，分別是中環與赤柱。

Week 8

加多利山
包浩斯式白屋

加多利山的住宅羣，像是一座包浩斯建築的戶外博物館。在旺角鬧市步行一小段路，就可抵達清幽的小山，遇上外面找不到的建築羣，這是任何在香港生活的人首次前往時都會感到驚喜的。

建築專家近年經常澄清，有些大眾和新聞提及的包浩斯建築其實都被錯認了，特別是被大幅改建的灣仔街市和之前荒廢已久的中環街市。這背後不僅是學理和分類問題，還牽涉到現代建築複雜多變的流派和演化史。將這些建築歸類在一起的，不全是明確統一的風格特徵，反而是一種回應急劇工業化社會的設計理性。包浩斯作為一所 1919 至 1933 年曾經存在的工藝學校，實際上沒有發展出一種顯著統一的建築風格。

後世多談包浩斯建築，因為包浩斯（Bauhaus）在德文就解作「建造房子」，包浩斯學校的幾任校長皆是現代建築的重要推手，而且在德國城市德紹（Dessau）保留了一幢風格突出的校舍。

在第一次世界大戰後，現代建築的對話百花齊放，包浩斯的師生參與其中，他們所推動的創作流程和思想特別着重功能和量產，跟其他設計風格共同構成了二戰前「早期現代建築」。建築史學家班漢（Reyner Banham）曾形容包浩斯是「現代建築的青年制服」，包括平頂、看到結構框架、有幕牆、有轉角的窗等。現在大眾看到 1930 年代「穿上」這「制服」的建築，會說「很包浩斯啊」，說的就是一種年代思潮。但是，包浩斯的風格非常多變，跟包浩斯學校也非直接相關。

近年，大眾嘗試更精確地追問，有沒有正統包浩斯建築這回事時，追溯至以色列——有大量的包浩斯師生在 1933 年納粹上台後逃到特拉維夫，十多年間建起四千多間白色小屋，後來當中大約一千座組成的白城（White City）被列為聯合國世界文化遺產；同被列入世界遺產的德國斯圖加特的白院聚落（Weißenhofsiedlung），也展示了同時代曾作為想像未來房屋示範的白色平房。在芸芸現代建築中，這種白色小屋因而被視作「最包浩斯」。

沒想到，加多利山竟滿是那種香港其他地方不易遇上的白色小屋，像是一個包浩斯建築組成的戶外博物館般。走進了一座小山，這地帶也像跟圍着它的熱鬧社區隔絕了，走在其中特別寧靜，也可遇上種滿山頭的大樹。

嘉道理家族在相近的年代發展位處何文田的這個山頭，山腳還有 1940 年落成的中電大樓，保存了裝飾藝術運動（Art Deco）全盛時期在香港的建築例子。大樓現時一部分被改建成「中電鐘樓文化館」，走進館內新設的展覽，可讀到加多利山的歷史，令這座建築亦彷彿成為通往加多利山的起點。如果不知該從哪兒走進加多利山的話，大樓旁的樓梯會是較易找到的路徑。

Week 9

華富邨

平民豪宅之外

因為香港大學被戲稱為「薄扶林大學」，我曾去查究竟哪個範圍才算薄扶林。香港島西側的這一帶，在很多港島有高密度住宅的地帶都接通鐵路後，繼續留下一點的神秘感。後來認識到廣泛被認知為香港最早期由西方畫家威廉・哈維（William Havell）在約 1816 年描繪的外銷風景畫，描畫薄扶林瀑布的景色，像是「香港形象」的起點，對這裏更加好奇。

有段時間，每逢有研究城市和建築的朋友到訪香港，如果他們已經去過最大路的地區，我都邀請他們往薄扶林一行。華富邨這片居住空間，可以為對香港有一般印象的人帶來許多驚喜，而這屋邨也代表香港城市發展的一條重要脈絡。

在港督麥理浩時代的「十年建屋計劃」開展前，華富邨已被規劃興建，最早的座數在 1967 年落成，即將邁入六十周年，也即將面臨全面重建。高峰期有超過五萬居民的華富邨，出現於香港的公務與公共工程野心極大的年代，但華富邨展現的野心不只在於規模，也在於總建築師廖本懷。他是在英國學習園境建築的香港建築師，因時制宜，傾盡知識想要創造出宜居和美好的生活空間。於是，華富邨顯然超越早期只是為了安置人口的公共房屋，而作為示範，它嘗試通過更細緻的空間設計，在有限資源下把生活質素視作重要考量。

華富邨的不同座數依地勢高高低低不同方向排列，讓很多居民都享用到後來很多豪華私人住宅標榜的無敵大海景，同時留有廣闊的共用空間。華富邨許多年來被叫作「平民豪宅」可能是誇張了，其時不少居民都為住在偏遠地區感到困擾，但一踏足這屋邨，慢慢細看每一座樓宇，在那些公共空間逗留，仍很容易感受到設計師對居住質素的堅持。廖本懷被稱為「公屋居屋之父」，當然不是因為他推行了這政策，而是他開啟了公共房屋的質素可與私人發展的大廈並駕齊驅的想像，也開始了大規模將公共屋邨設計為自成一體社區的實驗。

在華富邨一二期轉一圈，悉數經過全部十八座樓，覓得從不同角度觀看邨內總體佈局、探聽街坊喜歡在什麼角落看海、享受各種公共空間，再探訪一些邨內老店，是一趟豐富的旅程。

到訪華富邨，不能錯過附近重要的景點，是海旁瀑布灣公園的邊緣地帶，有上千尊神像放在一起的滿天神佛角落，也是香港首屈一指有趣的景點。研究社會設計的蕭競聰教授和新加坡學者 Thomas Kong，曾一起撰文 “Informal Religious Shrines: Curating Community Assets in Hong Kong and Singapore”（2014），書寫香港與星洲的「非正規聖壇」，指出它們是一種真正公共的博物館藏，由民間策展和整合社區資產。當一個社區裏的人老去、遷移的人多了，這些公共神壇一方面容納了無處安放的特殊「遺物」，一方面自然而然造就一個屬於大家的地方。這動人的角落，是在香港萬萬不能錯過的。在神像羣附近，還有在地圖上看不見的泳屋、屋棚，以及海邊的迷你天后廟，也是讓這處更加有趣的細節。

華富邨重建在即，雖然大廈不會被保留，但未來重建過後，實在應有足夠的內涵讓人理解到這個地方作為香港城市發展的傳奇一章，而在瀑布灣公園那些民間創造的事物，亦應被視為這社羣的重要遺產。

Week 10

中環歷史建築羣

物質文化遺產

CHANEL
Wyndham St
雲咸街
Arbuthnot Rd
亞畢諾道

除了在〈矛盾的魅力〉談及龍應台所寫「中環價值」一詞，讓我急着走遍中環、重新發現中環，還有 2006 年底到 2007 年夏天之間發生的事。我總以為天星碼頭和皇后碼頭在中環是「自有永有」的存在，沒想到因興建中環及灣仔繞道的工程而要被清拆。這兩座碼頭即將消失和重置的消息傳開後，觸發了一場跨界別參與的本土運動，爭取保育碼頭。兩場運動的細節不難在網絡上重溫，但我反而想提到的是，運動中一種重新理解和觀看中環的視角，深深影響了我。

反對清拆碼頭的討論，除了論及保留殖民痕跡的歷史建築、庶民的公共空間記憶、程序正義等問題外，有一個觀點是特別看重一整批現代建築，提出這些建築是中環珍貴的遺產。以這種角度看，從兩個碼頭、大會堂、愛丁堡廣場、郵政總局、怡和大廈，以至中環天橋系統，全部加起來，組成有連貫性的整體，是印證着上世紀 60 年代起中環和香港邁向現代化的一整套建築。

一旦得到了這視野，之後在中環出現了政府山、中環街市及荷李活道前警察宿舍的保育運動等，就像由一條線連起，讓人見到中環不獨有滿是玻璃幕牆的當代寫字樓，也不只有另一端仍活生生的庶民大排檔，現代香港誕生之初種種明亮和線條清晰的現代建築，其實也是另一種「舊香港」的印記。2010 年代，國際間研究和爭取保護現代建築的重要組織 Docomomo 設立香港分部後，亦開始密切關注中環摩登建築面對的威脅。

而因着這一批現代建築，我重新看見中環的歷史建築無處不在，涵蓋不同年代，走遍中環便能一次過遇上各個時期的建築風貌。在關注城市建築保育的論述中，有一個重要觀點，就是不應僅因某個年代的建築仍然較為常見，或某座單一的建築被認為不夠美學價值，就輕易允許它被拆除，我們應要有一種「年代觀」，一個區裏擁有齊全的不同年代建築，而且每個年代的建築都能與同代的其他建築相互比較，才是最理想的多元狀態。

保育兩座碼頭的運動在物理層面上未能成功，但在運動過後，中環好像迎來新風氣，多座歷史古蹟相繼成功保育並轉化，如 PMQ 元創方、大館、中環街市等，政府山這類較日常的公共建築亦得以保存。與此同時，民間湧現更多關於中環建築的導賞活動和書寫紀錄，從聖約翰主教座堂到卅間舊民宅，從由美利大廈改造而成的美利酒店到畢打行等不同年代的建築，「歷史中環」好似較為幸運，得到較多的關注和保護。

原本香港的法定古蹟絕大多數是戰前建築，甚少有戰後建築，如今 1962 年才啟用的大會堂的歷史地位也得到了肯定。這一切總讓我想起，有一陣子，當澳門歷史城區一系列歷史建築一次過被列入聯合國教科文組織（UNESCO）世界文化遺產時，坊間有論者提出過狂想：中環同樣充滿不同年代建築，是滿載故事的一區，會否可能有一天也會一起被列入文化遺產？

這幾年走在中環，愈是看這一整批珍貴的建築，愈覺得當時的狂想，也並非那麼狂。

Week 11

赤柱

不只歐陸風情

曾幾何時，赤柱被形容為有「歐陸小鎮風情」，現在好像吸引力不再。這幾年有關赤柱的新聞，總是談及美利樓內的商店相繼結業，赤柱的遊人也稀少。

無論是在網上搜尋赤柱的資訊，或問朋友去赤柱看什麼——卜公碼頭、美利樓、赤柱廣場、赤柱大街、市集、海濱等地標，「都是那些吧」，加上「小鎮風情」、「歐陸風情」（旅遊發展局語）、「異國情調」、「悠閒 Feel」等標籤，難免感覺這是一個被完全定型，難以覓得新意的地方。

近年，民間歷史愛好者開闢歷史角度，聚焦談文物，特別談到跟二次大戰相關的古蹟，也推廣赤柱的書寫。我也因而提出新角度——從建築與文化上的前衛看赤柱。聖士提反書院在 2008 年開設文物徑，大眾對這所校園內的戰前古蹟認識加深，1981 年落成的戰後建築傑作，也是本地大師何弢的代表作——科藝樓卻少人談及。從校門遠眺獨特的科藝樓，由四組大樓構成，是香港難得百分百的粗獷主義（Brutalism）建築羣，尤其是禮堂和體育館的鄧肇堅堂部分，用上大量原始混凝土，外形像科幻片中的未來空間。在國際知名的網站 SOSBrutalism 上，它曾是香港唯一代表。要進內參觀，需事前向校方申請，或等待其開放日。

沿着佳美道前行，可遇上一座「城堡」—— 大宅 Carmelia，由數座獨立屋構成的大宅。大小不一的圓窗、不規則且不對稱的結構，結合丁屋常見的紅色瓦頂，牆身塗上鮮艷顏色，像堆砌而成、「反秩序」的設計，瘋狂而奇特奪目。跟旁邊工整而常見的豪宅類型相比，「怪雞」至極，恰恰跟科藝樓代表的那種極致現代主義抗衡。

MUNICIPAL SERVICES BUILDING

Carmelia 跟科藝樓同樣在 1980 年代初落成，那時候批判現代理性的後現代建築風格剛剛在西方興起，這座「城堡」已像在實踐後現代精神，巧合地成了「看得到的先鋒」。

最後，值得一提的是赤柱市政大廈。香港市政大廈的特色是在多層建築裏，將不同功能的空間疊在一起，設計風格多受 1980 年代的公共建築影響，不是現代主義式的，而是許多細節與色彩的後現代建築。2006 年啟用的赤柱市政大樓，超越了典型的市政大廈模樣，由建築師溫灼均設計，參考四合院結構原理，但沿樓梯通往上層，無論是清水混凝土外牆、潔白的用色，還是一絲不苟的簡約細節，包括體育館裏的雲石長椅，甚至更衣室裏一面深灰大牆，像進入日本近年落成的美術館。這場市政大廈的革命，讓人對政府建築另眼相看，外觀和休憩空間遠比其他市政大廈優雅舒服。如今帶點幽默的是，這樣的美學完全成了文青熱愛的主流，容易叫人忘記它是赤柱前衛的例子。

在這些建築之外，赤柱還有一些實驗性的東西存在。美利樓的「離奇」重置，就像定調了赤柱形形色色像「拼貼出來」的都市空間。2007 年，旺角同昌大押的石柱被重置在美利樓門口，另外一批來源不明的石柱也搬到這裏，形成了無厘頭把古蹟放在一起的特別組合，教人感到時空錯亂，而這種感覺卻正是赤柱一個重要形象。

經過美利樓旁邊一大座綠色發電站，走過天后廟，便會到達居屋龍德苑及公屋馬坑邨，兩者皆為房委會興建。房委會屋苑設計多獲掌聲，走進赤柱這兩個屋苑的地面環境時，令人禁不住大呼空間設計出色。所有大廈由依山而建的瓦頂有蓋迴廊連接，呼應像城堡般有金字形瓦頂的大廈。在當中散步是大樂事，住屋環境密度較低，園林經細緻設計，有別於絕大部分的公私屋苑。沿着迴廊走，會發現一條巨龍，是屋苑裏設計如龍形雕塑的斜坡護土牆。翻查資料，那可是 2004 年獲得全港「最佳斜坡美化獎」的作品，亦可算是赤柱「先鋒」的建築之一。

赤柱，實在不只是「歐陸風」小鎮啊。

Week 12

美孚新邨

早期的大型屋苑

香港的都市形象，除了最顯著的摩天大樓和維多利亞港，就是由多座高樓組成的大型高密度住宅屋苑，既有私人住宅，也有公共房屋構成。全球大小城市中，有如此大比例人口居住在高樓羣中的並不多。不少外國朋友來到香港後，第一時間就問：「這些高樓真的可以住嗎？」科幻小說大師 J · G · 巴拉德（J. G. Ballard）寫過小說 *High-Rise*（1975），曾被改編拍成同名電影（2015，港譯《魔天豪廷》），就是關於棲居在高樓中的反烏托邦（Dystopian）想像，算是側面反映了在西方世界，這樣的居住經驗並不普遍。

多層多座的屋苑，在一些城市會被視為次等的居住方式，例如英國曾有認為高密度公屋是罪惡溫床的刻板印象。但是，香港的發展軌跡和居住文化並不一樣，屋苑在過去半世紀以來被視作安居樂業的空間，借用社會學者曾仲堅的研究用詞，置業是香港社會的「希望機制」，不少人窮一生工作儲蓄，為的就是「買樓」，冀求樓價上升而累積財富。多年來，有大型屋苑較易轉售，而且有管理公司統一管理，於是有了「藍籌屋苑」等說法，作為二手市場的指標。而一般私人屋苑也發展出一式配套，有會所、基座商場、車位等，成為中產想像美好生活的要素。

在現代主義思潮的發展中，有精英建築師曾執意認為向上發展、像一種大型系統的多座屋苑，是更有效率的居住形態。如果房屋是「讓人居住的機器」，香港的大型屋苑算是把這理想發揮到淋漓盡致。

要數這種屋苑的「根源」，當數到由九十九座大廈組成，在 1968 至 1978 年間逐步落成的美孚新邨。美孚新邨讓一種全新的社羣誕生，萬多戶人聚集在一起，鄰里間關係不算緊密，但有一種微弱的連結，建立起住在這裏的一種身分認同。上世紀 70 年代起，香港開始有中產意識，而這種意識漸漸依附在與美孚新邨類近的屋苑環境。

美孚新邨跟在 1990 年代落成的大型屋苑不同，商場和平台仍頗開放，後來大多屋苑的平台都屬封閉的地方，而商場則是「盒子式」的，走進去完全被圍住，裏外分明。也因此，到訪美孚新邨可體會屋苑對生活質素的要求，也感受到萬戶人如何連在一起。例如，不同座數之間的平台「打通」，構成了休憩空間，平台上有精心設計的座椅、噴水池與公共藝術。近年邨內的「美孚八景」也被重新發掘，那是八組特意裝置予居民欣賞的藝術作品，包括美新園雕塑和飛馬廣場的飛馬，是創作中環皇后像廣場噴水池雕塑的藝術家 Antonio Casadei 的作品。

「邨」這個字有別於「村」。「村」多是指向鄉鎮平房組成的村落，而「邨」在香港的語境，讓人第一時間聯想起的，除了公共房屋，還有美孚新邨這種大型屋苑；各種配套令它自成一體成為中產社區，而且標榜居住空間與基建超越基本需求。也許是想更突顯私人大型屋苑與公屋的差異，後來很少大型屋苑再用「邨」字起名，而豪華屋苑的名稱從平實到愈來愈浮誇，跟「邨」的社羣意味漸行漸遠，就是另一個故事了。

Week 13

深水埗

濁水深流

在這五十趟旅程中，深水埗或許是最難決定聚焦在哪個角落和最難選擇從哪個角度切入的，它的多元與複雜，就像是擁有無盡平面的扭計骰。

如果思考居住空間，此前已談及過新市鎮、私人屋苑、公共屋邨等，但香港其中一種最重要的房屋類型，是戰後落成的唐樓。唐樓往往是草根階層棲身之所，深水埗就有不少沒有電梯的唐樓，「唐七樓」就是指居住在唐樓頂層的人，回家時苦不堪言，但亦是苦無選擇。

現時有些唐樓裏的單位再被劃成空間極度狹小的劏房、套房，甚至是「棺材屋」、籠屋，它們是香港貧富極度懸殊下的空間呈現，也是深水埗和香港這座城市不能忽視的真實一面。

19 世紀，恩格斯（Friedrich Engels）的 *The Condition of the Working Class in England*（1845）反思倫敦和曼徹斯特工人面對惡劣的居住環境，是對城市為何物的深刻批判。來到 21 世紀，這樣的反思仍舊是最重要的，一座城市建設是否得宜，看草根階層的居住狀況就可立時判斷。因此，探討香港是一座怎樣的城市時，深水埗是不可迴避的批判點。經濟與城市發展創造出多元多變的空間，但草根階層的住屋困難，還是令人震驚。

深水埗另一層提醒我們不能迴避的真實，是大量無家者的存在。社會工作學者黃洪持續研究並發表報告，也有民間機構進行人口普查，不斷提醒大眾無家者同樣是社區的持份者。他們曾經多在通州街天橋下棲身或搭建簡單居所，卻持續被驅逐，流離至南昌公園和通州街公園一帶。導演李駿碩編導的電影《濁水漂流》（2021），改編自真人真事，呈現了無家者被突擊清場、家當被棄的慘況，同時深入描繪他們的日常生活和社羣連繫。

我這輩子有過最深刻的、跟城市空間相關的經歷，就是無意中參與了無家者 Moon 姐離世後，由牧師、社工和她的朋友在通州街橋底所辦的追思會。半生為無家者奔走的林國璋牧師說到〈創世記〉，說人類被上帝逐出伊甸園後，千年以來不斷尋覓美好之地棲身，「豪宅賣廣告，有泳池等一切設施，都是模仿伊甸園。但因人類的破壞與貪婪，特別在香港，令居住環境愈來愈差。從前政府規劃公屋，是希望每一個人有更好的居所，如今社會倒退了，公屋、私樓愈建愈小，愈來愈不像樣。橋底這羣無家可歸的人，其實跟你我一樣，都在尋找伊甸園。細看他們搭的屋，看見用水樽做的通風系統，他們想了很多方法，讓自己住得舒服。」

然而，深水埗這些年的變化很大，很多人談及新誕生的文化空間、大南街的士紳化與咖啡店、大量非正規的街道設計、民間自發的墟市等，都是關於城市空間可引發想像與討論的。

而且，在市區重建下，深水埗開始有豪宅與單幢的「牙籤樓」落成，跟原來在此的草根階級生活是完全不同的。這區的新住戶對市容和潔淨有一定要求，也會讓無家者，以至其他街頭上的非正規活動被驅趕。

深水埗這片城市空間提醒我們的是，城市的存在理應讓最多人過幸福的生活。是以，我們不應只注目在豪宅與私人樓宇，而是同樣需要直視城市最底層的居住狀況。從他們的住屋狀況，我們就知道身處的城市是不是一個宜居的城市。

香港社區組織協會（SoCO）半世紀以來做大量倡議工作，關心基層的居住權，曾在深水埗營運「侷住體驗館」，以展覽及真人圖書館的形式，讓更多人真切認知香港底層的居住狀況。

展覽的介紹中，有一句是這樣的——「這裏是我城，是我們既熟悉而又陌生的香港」。

公共空間

一座城市的標記，有受喜愛的廣場、公園與各種開放空間，就像想到倫敦，大部分人都會想到海德公園（Hyde Park）和特拉法加廣場（Trafalgar Square），也會想起較另類的空間，例如南岸的滑板場。在香港，最有代表性的公園，當數維多利亞公園和各處的海濱長廊，但要數到特別代表香港的，就要去天橋走走了。

Week 14

維多利亞公園

城市之肺

很多城市都有為人熟知和津津樂道的大公園。在網絡上常見的高空照片，突顯了中央公園（Central Park）佔地有多廣，儼如這公園才是紐約的核心，其他建築物僅是陪襯。中央公園不僅面積大，作為人造自然的宏大規模更令人震撼，身處其中很難想像一切皆從無到有建設而成；倫敦的海德公園同樣令人印象深刻，人們記得那看不到邊際的草地，以及有讓人公開發言的一角；柏林的格爾利茨公園（Görlitzer Park），是週末二手市集舉行的地方，各種各樣的活動在此發生，氣氛開放自由。

台北也有大安森林公園，因着導演蔡明亮的作品《愛情萬歲》（1994）結尾，楊貴媚飾演的女主角在園內痛哭跨年，近年有人發起到公園「邊哭邊跨年」的活動向電影致敬，而 2024 年，在電影發行三十周年的除夕夜，導演與男女主角更受邀到場一起看電影，與上千影迷團聚，引為一時佳話，也賦予了公園新的公共意義。

公園的種類繁多，上述提及的均屬於城市公園的「中心公園」，位處城市核心地帶，佔地廣闊，且能代表一座城市的特色。在現代城市規劃初期，深受早期公共衛生和城市潔淨的思潮影響，大型中心公園被認為是必不可少的組件。在現代醫學和微生物學尚未成熟之前，提倡城市改革的論者普遍將城市視作一副身體，認為城市若擁有巨大和健康的肺，便能保持健康。這種「身體政治」（Body-politic）式理解城市運作的方法，認為大型公園能讓新鮮空氣流通，能防止致病的壞空間積聚。而在工業革命初年，現代城市更常被視為烏煙瘴氣之地，建設大片人造自然的空間，令當時的人相信可為城市的墮落環境保留一片淨土。

公園被視作「市肺」，即使在近年擺脫經不起嚴謹驗證的疾病理論後，

仍被視為重要的市政理想。它為人們提供喘息的空間，讓人在鬧市中找到一片寧靜，並保留「肺」相關的意象，讓人呼吸到新鮮空氣。

這種「市肺」的想法，除了指向在市中心提供接觸花草樹木、河流和湖泊的休憩環境，更指向公園的公共意義。一副身軀只有一組肺，一座城市往往因某具標誌性的公園而被人記住，這種「代表性」成為「中心公園」的關鍵內涵。因着它們最被記起，大型中心公園也承載了社會政治意義，成為社會運動和大型集會的首選地點。因此，「市肺」通常兼具廣場的意義，尤其在那些沒有廣場可讓人聚集的城市。

維多利亞公園在 1957 年落成後，面積雖不及九龍公園，是香港第二大的公園，但位處香港島中心位置，以及後來獲得的社會意義，隨着年月過去，自然而然被視作香港的中央公園，經常被最先想起，也有較重要的羣眾聚會在這裏舉行。維園跟很多大型公園不同，設施很豐富，甚至太豐富，有六個大足球場、泳池、巨型涼亭和小食亭等等，沒有太多留白空間，無數市民在這裏活動和運動，也經常有大型展覽選址於此，甚至是最多人的年宵就是辦在這兒。這是一個繁忙的大公園，沒多少悠閒氣氛，但有無數活動，一直是公眾注視的地方。

雖說「市肺」必然會被賦予公共性，但維園一開始成為重要的政治集會場地也有其因由。文化研究學者李祖喬的研究指出，1970 年代初大學生在保衛釣魚台運動時，尋找地方示威並不容易，殖民地政府起初想阻止，反而激起了他們不顧一切使用維園，並在往後一直堅持使用，偶然讓維園從此成為首選。

多年來，我一直記得一件在維園發生、關於公共藝術的事。原本曾在皇后像廣場的維多利亞女王銅像在二戰後被搬到維園，著名行為藝術家潘星磊在 1996 年以鐵鎚敲擊銅像的鼻子，並向它潑灑紅色油漆。那是我第一次聽說有藝術家挑戰公共藝術作品，遠早於近年美國出現挑戰紀念碑的運動。那次行動也讓人重新意識到，維園本來就是一個具有政治意義的場所。

Week 15

二陂坊遊樂場

21 世紀的遊戲地景

© 公共空間 → Week 15 二陂坊遊樂場

二陂坊遊樂場是在荃灣的兒童遊樂場。二陂坊是一片被民居包圍的平地，多年來都是社區休憩用地，是附近居民偶爾會在內逗留的公園。公園在近年被翻新後，採納了新近遊樂設計的意念，多了兒童會興奮使用的遊樂設施。觀看這裏的變化，也能一探香港很多遊樂場這幾年的變化。

上世紀 80、90 年代至千禧年後，香港各處的遊樂設施趨向單一化，隨處可見的是批量生產、變化不大而自成一體的塑膠設施，地面防跌傷的鋪地物料亦大多是同款的深紅色軟墊。然而，如遊樂場歷史研究者樊樂怡在《香港抽象遊戲地景》（2021）一書所述，在統一化的時代來臨前，全球遊樂場在二戰後有過非常實驗性的階段，設計師會因地制宜，創作外觀變化多端而且款式前衛的遊樂場。

當時遊樂場被視作一種地景（Landscape），優秀的設計並非為兒童提供既定和預設的遊玩方式，而是提供有彈性的環境，激發兒童的創意，讓他們探索屬於自己的玩法。這樣的設計哲學也影響都市理論，好的城市環境，也許是留有空間，令成年人可各自發揮創意，自由使用空間，而這是後話。

《香港抽象遊戲地景》也提到，香港曾有大量別具特色和鮮明風格的遊樂場，如今絕大部分已被改建和拆除了。安全的考量逐漸取代了前衛的意念，取而代之就是預製組件，安放在社區公園一角，滿足了基本的設施需求，卻失去美學價值。

潮流會改變。近十多年，全球都有「大反彈」的趨勢，建築師紛紛重提兒童權利和遊樂場設計可有的變化，重新再造每個獨一無二的遊樂地景。香港有一個組織叫智樂兒童遊樂協會（Playright），1987 年已成立，多年來一直提倡創造更好的遊樂場，正視兒童遊戲的需要。

二陂坊遊樂場矚目，既因地面用上多種色彩的設計，也因幾組遊樂設施非常奪目。滑梯、鞦韆、氹氹轉等完全不是傳統模具，而是各有各獨特的模樣。部分設施，如一些小山丘，玩法千變萬化，呼應了上述提到在香港遊樂場以往少見的遊樂地景。據《明周文化》的專題〈從社區出發　二陂坊遊樂場給香港公園設計的啟示〉，遊樂場的設計團隊特意訪問了附近居住的兒童，了解他們理想的遊樂場，才開始設計過程。

二陂坊遊樂場（2021）跟相近時期落成的屯門公園遊樂場（2018），就像在共同宣告新的遊樂場時代已經來臨，富個性、激發創意的設計再度被看重。其後幾年，香港陸續出現一系列形象鮮明、兒童玩得特別開懷的遊樂場。這種轉變讓人想到設計潮流的循環起伏，不同時間強調的價值不同。空間的演化令人相信，好的意念可帶來改變。每次踏足這些「新派」遊樂場，已經是成年人的我未必參與其中，卻總能感受到一絲腦筋的鬆動與啟發。

Week 16

香港墳場

死亡與不朽

小時候，我跟家人去掃墓，多是去粉嶺和合石墳場。春秋二祭之時，通道上的人多得水泄不通，從沒覺得墳場恐怖，倒是長大後從影視作品中才接收到這種墳場是陰森和不宜久留的信息。從殯儀館到墳場與火葬場，在中式喪葬禮儀的概念中，必然是外在於日常生活、關於鬼神之地。長大後，偶然看到一些荷李活電影，始知道在西方文化中，墳場是像公園般的公共空間，容讓人安靜下來，逗留休憩。一些有名人下葬的墳場，像是馬克思墓碑所在的倫敦海格特墓地（Highgate Cemetery），更發展成旅遊景點，遊客需付入場費參觀。

差不多二十年前，我參觀過海格特墓地，也在巴黎尋訪哲學家沙特（Jean-Paul Sartre）和西蒙．波娃（Simone de Beauvoir）的墓後，開始關注死亡與城市空間的議題，並留意香港有沒有相關討論。結果，我發現在香港最常被提及的是，在高密度的城市發展下，我們在生時難以安居，死後尋覓一小片「入土為安」的空間亦成了奢侈。當時，新聞頻繁報導骨灰龕位售價高昂、輪候時間長，還有非法私營骨灰龕場日益增加，評論人慨歎，香港人生前死後均面對嚴峻的「土地問題」。

2009 年完成重建的鑽石山火葬場用上大量清水混凝土的建築設計，予人煥然一新的觀感，顛覆了傳統的灰暗印象。2012 年重建啟用的和合石火葬場及新建的靈灰安置所，亦以精心設計的水池及小瀑布廣受稱頌，被形容為富有禪意，可引發對生死的思考，是關顧心靈需要的空間。除了建築設計上的突破，坊間也有更多參觀墳場的導賞團，讓公眾認識墳場不僅是悼念之地，也可以是學習歷史與文化的場所。資深文學研究者小思的《香港文學散步》（1991）和歷史學家丁新豹的《香港歷史散步》（2008），在探討香港的文學地標與歷史時，皆有寫到墳場，突顯死亡連向歷史與記憶，而思索死亡本是一種學習。

讀大學時，我修了「疾病、健康與政治」一課，教授曾帶整班同學參觀跑馬地馬場旁的香港墳場，自此我愛上了這地方。每次跟朋友分享關於死亡與城市空間的想法時，我總興奮地問他們是否去過香港墳場。香港墳場一年大部分時間寧靜無比，與鬧市的喧囂形成強烈對比，沒半分陰森感。場內也有足夠的座椅，靜坐休憩自是一大樂事。

在香港墳場，你可找到這座城市開埠前後的病疫史。不少在 19 世紀上半葉辭世而安葬在此的人，皆因得病而早逝。這個墳場曾經被稱作殖民地墳場，參考了巴黎最大墓地東公墓的設計，內裏設有噴泉，而香港最古老的教堂——香港墳場教堂，其實也在這墳場裏。

然而，在歷史之外，最讓我震撼的是，連着香港仔隧道出入口的黃泥涌峽天橋竟然穿過了這墳場。身在其中，我總會想，世上還有沒有哪個建在城市中心的墳場會被高速公路貫穿？翻查資料後發現，香港仔隧道興建時，不只是穿過墳場，而是有一些墳墓被搬遷、土地被收回。這真的是香港「土地問題」的極致寫照——即使在那樣古老的墳場「安居」，也難逃城市發展的迫遷命運！

Week 17

卑路乍灣海濱長廊

回想西環碼頭

© 公共空間 → Week 17 卑路乍灣海濱長廊

香港在 2004 年開始有「共建維港委員會」，2010 年演變成「海濱事務委員會」，這些官方規劃機構二十年來推動了大量沿海地帶的轉型。今天說到海濱，人們立時想到標準的欄杆和座椅，一種大概會預期是怎麼模樣的公共空間，這都是千禧以來香港重大的空間改變之一。這種轉變廣受頌揚，因為潔淨和統一，讓人特別有安全感，但有時我也會懷念一些破爛，或沒那麼潔淨的海邊，釣魚人與夜裏飲酒聊天的人會善用這種未經規整的海邊。對，有些海邊，就被叫作海邊，而不是海濱長廊。

在西環，有一處不可思議的海邊空間曾經存在，沒有經過海濱長廊化，但深受居民與大眾喜愛，甚至由大眾自發開創才存在。這個多被喚作「西環碼頭」的空間，實際上不是民用的碼頭，而是西區公眾貨物裝卸區，在西區副食品批發市場旁邊，有從岸邊突出的長條形部分，也有沿城西道靠海的一段平地。

貨物裝卸區，尤其是長條形的部分，因着幽靜和沒有欄杆帶來不同的空間感，而且在晚上不再繁忙，漸漸成為街坊喜愛散步與休息的地方，比正規的公園或海旁更受歡迎。有一段日子，管理者和保安都抱寬鬆的態度，讓裝卸區變成眾人默認的休憩空間。久而久之，因着美麗的景觀，也因着有一種別處沒有的自由感覺與不規整狀態，居民以外，大眾也會前往，而我是在 2008 年前後知道這個地方的。

居民不僅前往使用那本不是公共空間的環境，也會自發用到這裏的物品，例如是將卡板砌成座位，使用過後再搬回原位。使用者之間開始建立各種潛規則，不會讓該地變得亂糟糟，也因此沒有驚動管理者改變作風，令這裏轉化成「自發創造的公共空間」。If you know, you know。

不知算是幸運或不幸，「西環碼頭」本來低調存在，後來因地面一角稍為陷落，每逢雨天過後都留下一片淺水窪，日落時分夕陽倒映在水上的風景被發現，該處一下子被叫作「西環天空之鏡」。這名字與相關照片不時被旅遊媒體介紹，令更多從沒到訪的人前往；再進一步讓這空間曝光的，是社交媒體普及以後，更多人將該地的照片上載，引來更多好奇的羣眾。幾乎像是劇本一樣，西環碼頭被稱為 Instagram Pier，更有以此為名的帳號。這過程逐步讓裝卸區由作為羣眾協調開創的公共空間，轉化為廣受大眾喜愛前去的熱門地方。

然而，裝卸區在 2021 年起除了「真正」的貨物裝卸用途，不再容許公眾進入使用。曾為一時佳話，這個「借來的空間」的歷史暫告一段落。

在裝卸區的另一邊，其中一段地方經過改造後成為卑路乍灣海濱長廊，在 2020 年對公眾開放。第一次前往這海濱長廊，看見那裏放置大量卡板，讓人自由搬動使用，是香港公共空間未曾有過的，似是向曾經存在的「西環碼頭」致敬。後者雖然消失了，但存在過的另類公共空間廣受喜愛，對我們理解何謂使用者喜歡的海邊、何謂居民會主動使用和維護的公共空間，還是有深遠的啟示。踏足卑路乍灣海濱長廊時，遙望裝卸區，總是想到這一切。

Week 18

荃灣

沒有地面的社區

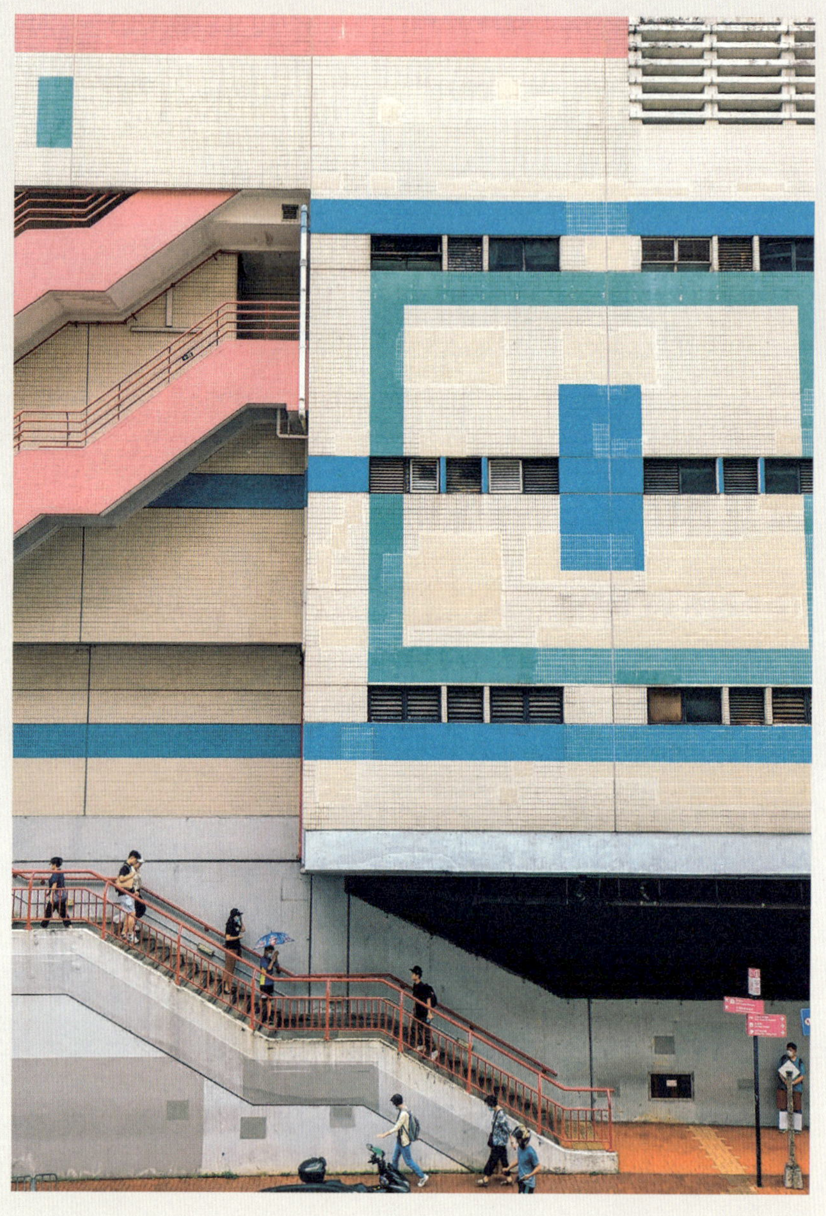

©
公共空間

→

Week 18
荃灣

如果要選最能闡述香港城市空間的書，其中一本我必然會選的是，由幾位建築學者 Adam Frampton、Jonathan D. Solomon 和 Clara Wong 共同撰寫的 *Cities Without Ground: A Hong Kong Guidebook*（2012）。這本書提出的分析是，要立體地理解香港的都市環境，就要理解連接着各種離開地面的大堂、通道、隧道、天橋等與地面無關的一套龐大行人系統。書中收錄了三十二張路線圖，展示不同地區的「離地」通道如何連綿不斷。

作者對這現象提出其中一種經濟導向的解釋是，當「離地」的一層也有大量人流，不只地面的一層，連同一樓的商舖都可以維持較高的租金。地圖細緻地標記表面上連貫的通道，有的是公共通道，有的是私人通道，而權力的差異可令一些通道有時封閉；每條不在地面的路都有不同氣氛，行人就像一直進入各種斷裂迥異的世界。

作者最重要的論據則是，這些「分隔開的行人路線」，可以是一種城市設計的啟示。香港地面的公共空間和公園面積甚少，羣眾聚集和休息經常使用不在地面、不完全屬於公共的「離地空間」，例如是商場的通道與大堂，或在二樓的屋苑和建築平台等，這些共用空間對香港人來說特別重要。

這本書出版後，剛好媒體經常提及荃灣是「天橋之城」，這區的居民習慣「足不着地」就能滿足大量日常所需。我也受到這些說法影響，每次去荃灣都會特意在天橋上走慢一點，觀察有沒有大眾把天橋視作社區空間的痕跡——有沒有人不只把天橋視作方便移動的路，同時嘗試在天橋逗留或做不同的事？

你會遇上派傳單的人，小心翼翼地在不會被驅逐的角落停留；會遇上街坊約人見面，挑選某個商場在橋上的入口等，也會偶然遇到有居民在天橋上處理瑣事，例如講一通電話。天橋不可能等同於公園或廣場那種公共空間，但當它變成一個社區重要的生活場景，自然而然就會有人在偶然間與片刻間不只是移動，而是使用了不易使用的天橋與通道。

荃灣的一些城市組件也因此改變。例如絕大部分離開鐵路站的人會從天橋離開，又如連接鐵路站、翻新不久的西樓角花園設有多層的入口，令許多人從天橋到達再落到地面，與一般公園由地面進入的體驗大不相同。荃灣的商場在橋上會有更顯眼的入口，從天橋亦能直接走進大會堂、楊屋道街市……各種生活空間像是「平等地」在空中被連結起來。

有說天橋作為「空中的街道」會「消滅」地面街道，但荃灣似乎沒有出現這現象，街道仍然熱鬧，令荃灣像有兩組城市覆蓋在一起。也許對我們來說這一切很平凡，但在荃灣可以得到的這種城市體驗，如果抽離一點看，並不容易在其他城市遇上，反而有些城市會有大量地底通道、地下街，則是香港所沒有的。

除了 *Cities Without Ground*，本地組織「城市接築 UFA-Lab」的成員胡漢傑及陳智峰也寫了《天空之城——香港行人天橋的觀察與想像》(2022) 一書。天橋的歷史與觀察，在未來或許可成為香港啟發其他城市的「顯學」。

日常與記憶

社區一詞有多重意思，能代表地方，也代表社羣，通常指向一座城市中人們建立鄰里關係的地方。在香港，有行政單位「十八區」，但這不是人們日常慣用的分類。談及住在哪區，人們多想起以鐵路站劃界的範圍、一些老區，也會想到特別代表某個年代色彩的地帶。城市重建的過程，往往是人們最察覺到社區與記憶的時刻。

Week 19

灣仔利東街

囍帖街的啟發

らくらく
RAKURAKU RAMEN
Silk.

銅鑼灣以車水馬龍聞名，中環讓人最先聯想起金融中心，而夾在這兩個區之間的灣仔，則總喚起更深的情懷，讓人視之為屬於庶民的社區。

作家黃碧雲的小說《烈佬傳》(2012) 寫染上了毒癮的主角，半生進出監牢，無處為家，總在灣仔流離，彷彿只有灣仔算是他半個家。馬家輝寫的《龍頭鳳尾》(2016) 受他成長的 1960、70 年代灣仔影響，以修頓球場為重要場景，將灣仔塑造成一個江湖，邊緣人物在這裏尋找安身立命的角落。1977 年，文化雜誌《號外》草創初期，評論人黎則奮在〈灣仔：吾鄉、吾土、吾民〉一文，描述童年時代的灣仔多姿多采，並寫到：

「現在如果再叫我填上什麼籍貫的話，我將會毫不猶豫地寫上『香港灣仔』。是的，對我來說，又有哪一個地方是比灣仔叫人感到更加熟悉和親切的呢？」

聽一些前輩說，那時竟有人以灣仔為籍貫，這說法引發同代人深思，也可見灣仔是曾經牽扯許多文人情懷的城市區域。這種情懷到了千禧年過後似乎尚未消散，阮世生執導的電影《神經俠侶》(2005)，主要在灣仔取景，傳達了對灣仔的深刻感情，被認為在一個重要的時刻捕捉了即將急速消逝的舊灣仔風情。

當時，戰後營業半世紀的龍門大酒樓將要結業，和昌大押、藍屋與灣仔街市幾座建築面對清拆威脅，扎根灣仔利東街多年的囍帖業也面臨市區重建而消失。一下子，香港人開展了不少關於舊區重建和城市更新的討論，均圍繞着一個命題：如果一個老區因建築老舊而重建，一座城市是否需要，或是否可能保護區內的靈魂和情懷？

灣仔利東街重建，觸發了一波廣受關注的社會運動。過去，香港雖不乏城市重建的計劃，也有零星關於賠償、居民權利和反拆遷的反抗，但這次針對城市重建的論述，進一步提出了「後物質主義」的思考——除了妥善安置居民，作出合理賠償外，城市應從文化的角度探索如何保護一個滿載情懷的社區。另外衍生更多關於城市居住權和社區保育的討論，影響後續舊區重建計劃，不能再繞過相關思考。

雖然當年不少論者的觀點未能完全實現，但社區的情懷和靈魂的重要性已經深入了民間，重建不能只思考保留建築外殼，居民的生活方式和社區累積的人際網絡同樣值得關注。

謝安琪的歌曲《囍帖街》(2008) 膾炙人口，讓廣大羣眾模糊地對利東街產生了獨特的情懷，說是模糊，因為樂迷未必知道利東街實際曾有的模樣。其時利東街已被完全清拆，反對重建的社會運動卻留下深遠的思想影響，促進更多人關注重建議題，並再思社區保育中人與鄰里關係的未來。這場社會運動被完整記錄在紀錄片《黃幡翻飛處》(2006)，以及書籍《黃幡翻飛處——看我們的利東街》(2007)。

雖不是直接相關，後來位於灣仔石水渠街、建於 1922 年的老住宅藍屋，連同附近屬同一羣落的橙屋和黃屋均被保留。其保育方案強調「留屋留人」，不僅保留建築，更保存社區網絡，翻新、保育與發展成香港故事館和共居住宅。這保育計劃及後獲得了「聯合國教科文組織亞太區文化遺產保護獎卓越項目獎」，可說是難得地呼應了灣仔重建與民間思考播下的思想種子。

如今走在灣仔，從囍帖街舊日所在之處走到藍屋，真有如走過那十數年間香港討論市區重建思潮激盪的日子。

Week 20

灣仔
從北面走到南邊

DBS
is leading

除了老灣仔的情懷和城市重建引發的反思外，灣仔跟中環有類近的地方，就是同樣多元，能有各種用途和風格的場所，難以完全被一種形象定義。灣仔有幾個地方可引發深度的城市思考。

首先值得一提的是，灣仔是一個很清楚的例子，讓我們看見香港沿海社區的發展，如何深受填海的進程影響。在接近海岸的地帶，填海而來的土地上多是新發展的，較多大型的建設，而離開海岸較遠的範圍則多是老區，較多細小的街區。「灣仔北」與「舊灣仔」的對比鮮明，多線行車的告士打道像是心理上的分水嶺，兩邊的城市氣氛有巨大差異。

從北往南探索灣仔的趣味，就在於遇上各種性格分明的空間。在最北端的金紫荊廣場，由會議展覽中心管理，金紫荊雕塑可說是這城市裏最代表國家權力的符號之一，每天早上有升國旗儀式。這片空間不算多人在活動，但成為了中國內地遊客參加旅行團必然到訪之地，也有了「旅客飛地」般的意義。很多城市都有這種旅客常到，但本地人較少使用的空間。

稍為往南前進，香港藝術中心由香港重要的建築師何弢所設計，甚至有份發起整個計劃。在 1970 年代初，香港缺乏藝術空間，建設在灣仔的藝術中心是一個里程碑，鮮見地由藝術家自發推動和籌款，可說是早期公民社會發揮力量的重要例子。這座藝術中心盡見香港寸金尺土和其時尋得該地的艱難，何弢在一塊街角的土地上創造出共有十九層的場地，每層的室內均無柱，適合展覽和演出，這樣向高空也向地底發展的高樓式藝術中心，當時在全球都不常見。在其地面大堂如今有一展覽，記念何弢這位影響力巨大的建築師，也講述該建築落實時背後的巧思。

在分隔南北灣仔的告士打道之間，一共有七道天橋可讓行人跨過。被叫作「入境處天橋」的柯布連道行人天橋上，不論是否上下班時間，都充滿像競步般奔走的香港人，可說是最能代表香港的景觀之一。天橋旁邊的大廈裏曾經有一所健身室，故意配置落地玻璃，讓跑步機面向天橋上奔波中的途人，行人與跑者對望的這片風景也是經典。後來健身室倒閉，亦成了全城關注的大新聞。

到達舊灣仔，在皇后大道東洪聖廟那一帶的南邊，有一部分依山而建的民居，那邊的樓梯左穿右插，像是個小迷宮。在迷宮的頂端曾有好些存在多時的荒廢建築，包括一直沒有被拆卸而特別有名的南固臺，因此這一帶曾長年成為廢墟探索者與攝影師的寵兒，亦因為這樣，有很多鬼故事圍繞這個範圍開展，連以此為題的導賞團多年來也吸引不少人參加。

探訪旁邊的小社區，日街、月街和星街連在一起，是常被叫作「日月星街」的一帶。這邊的灣仔地勢稍高，要穿過一些斜路或樓梯後，才會遇上別有洞天的細窄小街，吸引了好些精緻小餐館在此開業。多了追求格調和寧靜的小店聚集。「日月星街」被視作有風格的雅皮士（Yuppies）社區先驅，連著名書寫城市文化的國際雜誌 *Monocle* 亦選址在此作辦公室和開店。

灣仔城市空間的「光譜」很闊，僅在這區探索，已可走進無數不同的世界，舊日共同想像的老灣仔，漸換成這個多面向的千禧後灣仔了。

Week 21

西環

每當變幻時

讀中學時，我最要好的朋友住在西環，總是對在港島移動叫苦連天，說他一生都在等待地下鐵路開到西邊。2014 年，港島綫西延通車，新聞一直以來最關注的，是這區樓價和租金急升。住在西環多年的居民，有些不像我的同學般雀躍，反而預料因為「地鐵不到」而多年來緩慢變遷的西環，即將迎來劇變，有更多人湧到家門前。

社交媒體上的羣組「西環變幻時」除了是街坊互通消息及建立社羣的渠道，名字上亦清晰表達他們對西環變化的切身感受。西環充分反映香港城市發展深受鐵路發展主導，尤其如何影響大眾的地方意識，明明這區同在港島沿岸，也有電車和巴士連接，但總被認為偏安一隅，直至鐵路通車。

時間快轉至當下，當時居民的擔憂與預想有一部分成真，更多新潮餐廳落戶西環，不過受關注的老店許多仍在，而湧去西環的遊人陸續「發現」一些居民不覺得是景點的地方。

在 Covid-19 疫情前，西環鐘聲泳棚先被本地人發現。這個在「西環尾」的泳棚，由民間建於崖旁，晨泳客可跳到海中，前方就是荒島青洲，整個畫面的組合深得攝影愛好者的心，蜂擁而至，到訪的人有時要排隊等候多時，逐一在泳棚盡頭擺姿勢拍照。泳棚的安全與是否阻礙泳客等問題，一度引來議論。

疫情過後，又再有一意外的發展。大量遊客重回香港，當中一大部分湧往堅彌地城新海旁。在海旁與士美菲路的交界位置，聚集了要跟背後海旁背景「打卡」的遊客——經社交媒體廣傳後，這裏被視作香港最美的海旁，有城市盡頭的荒涼感，也有美麗的黃昏天色。然而，這現象令附近居民需要繞路而行，又經常因人滿之患，遊客站到車路上，威脅交通安全。後來，有遊客發現地勢稍高的堅尼地城籃球場也能拍攝近似風景，令平凡的籃球場同被「加持」，變成旅遊熱點。

這些在西環出現的現象引人深思。在這時代，我們可能無法完全杜絕或排拒遊客與本地人，為着城市裏某個角落特別美麗而湧至「打卡」，也不一定完全擁抱這種一炮而紅所指向的美學。值得追問的是，既然城市裏有這麼多此前未被遇上，又或以特定角度看見的角落能引起大眾的注意，在這樣的注意力經濟（Attention economy）之下，書寫城市及規劃城市的人，如何借用這些注意力，讓人留意城市裏常被錯過的好事物，或轉化為對一個地方深度的認識與交流？例如，泳棚背後有香港的游泳文化，同時關乎海岸的變化與民間建設，而堅彌地城新海旁的一段，也正是思考道路規劃問題、「西環尾」海濱建設的契機。

當我想到這兩處地方時，總想起西環一直被視作文化與地方質感跟其他社區不同的地方，往日未接通鐵路，發展的速度不如港島其他地區快速，唐樓與老店尚在，也有石牆樹與斜路上的街道風情，吸引力蘊藏多重層次。但是，隨着近年的劇變，如何把西環與這個時代全新的注意力經濟接合，又繼續講述更多社區故事，便是喜愛這個社區的人要接受的挑戰。

在堅彌地城新海旁以外，西環的山道天橋、西環七臺、香港大學等滿載魅力的角落，或者是一個很好的實驗場。

Week 22

觀塘

衛星城市的劇變

YESSSSSS UA
周轉啫大丈夫!
AEON · 私人貸款 · 清數易
3628 4047
NCB

觀塘到底發生過什麼事？如今許多人想到觀塘，第一時間會想到樂隊 Dear Jane 的「觀塘三部曲」。三首歌曲的 MV 橫跨多年，有連續的故事，全都在觀塘發生。尤其令人留下深刻印象的場景，是工廠大廈之間的長巷，袁澧林飾演的失戀女孩在長巷中痛哭，YouTube 頻道試當真戲仿所拍的影片《哪裏只塞駿業里》(2020)，亦特別重演了這一幕。

觀塘在近年可說是經歷了千迴百轉的變化，也恰巧經常成為大眾話題，是廣被討論的城市地帶。在填海地上建成的觀塘，是香港第一代衛星城市，同時是大型工業區。曾幾何時，這裏的構造很直接，有大型工業大廈，工人在此上班，輔以大量住宅，而夾在中間的裕民坊，是社區的商業消費中心。我們可透過觀塘實際觀察一座城市急速去工業化時，如何對城市空間和發展構成巨大影響。

隨着製造業北移與轉型，也因着這區的住宅發展得早，多重想像與切實改造這地帶的計劃，在 1990 年代起應運而生。裕民坊經歷香港歷來最龐大的市區重建，大量居民要應對轉變與被迫遷的命運，甚至搬離這區，社區的連繫與積累的文化正煙消雲散。這個人口密度在香港名列前茅的區域，重建歷程長達二十多年，到現在還沒完成。

為了守護居民權益和記錄當區文化而誕生的計劃「活在觀塘」，成為最有韌力的城市文化組織，持續以人文關懷的態度，不斷書寫居民與商戶的故事、第一時間採訪重建下他們的處境，回應城市變化——重建計劃的規模誇張，公民社會相應產生回應的能量，令人佩服。

從下而上回應觀塘變化，還有漸漸扎根在這區工廠大廈的文化工作者。一部分工廈轉型，不是轉為商廈用途，而是讓民間小本經營的餐廳、手藝、小生意等走進其中。蔡曉彤、林茵和黃熙麗所著《工廈裡

觀塘廣場
P
LLADRO CENTRE
裕財中心

的人》(2015)一書，訪問了一系列藏身工廈裏的創意單位，記錄了這現象。要找有個性的商店，往往要到訪各區的工廈，這也算是香港千禧後的時代精神，而在觀塘工廈裏的人特別活躍，是他們的想像力造就了工廈轉型。音樂演出場地 Hidden Agenda 在工廈辦得有聲有色，中外知名，卻連番被迫遷，搬到不同工廈單位的歷程，讓許多樂迷扼腕歎息。

同時，幾近人盡皆知的是，這些工廈裏有大量出色、照顧上班族脾胃的食肆，很多雖然在灰色地帶中經營，多年來已被視作工廈裏最重要的存在，卻每每受過時的工廈條例威脅。

而由上而下的政策改變，營造觀塘成「CBD 2」，即第二商業中心，同時又全面改造海濱，後者帶來「反轉天橋底」計劃，改造觀塘繞道下的空間。觀塘海濱花園的轉型，在近年竟有突變，成為青年人聚集開派對的首選，算是意料之外的發展。

不論是由上而下或由下而上的「觀塘大計」，快速改變觀塘而帶來最受公眾關注的效應是，交通配套及道路規劃未及回應一切轉變，觀塘終日「塞車」與「塞人」的狀態深入民心，以至於有網上羣組以「問候觀塘母親」的廣東話粗口命名，充滿玩味地凝聚了不滿現狀的人，意外令觀塘備受前所未有的關注。

另一有趣的發展是，網絡上有羣眾指出，從許多角度看觀塘高架鐵路的風景，令人有置身東京新宿的錯覺，也讓大眾聚焦觀塘，並熱烈討論香港還有哪處像其他城市。

數起來，觀塘在過去十多年，總是剛好出乎預料地成為公眾話題，看似偶然，但一個社區的極速轉變，就會牽起人們對空間新的感知模式，水土不服，也會放大一些感受，或許這才是表層之下，觀塘總是被關注的原因。

觀塘迎來一切大轉變的重要時刻是 2005 年。那一年，大型商場 apm 終於落成，人們驚訝觀塘也有商場，而且是香港歷來第一個以營業至深宵作為賣點的商場。不過，不久之後，日夜繽紛的想法幻滅，也許可以視作一種觀塘式寓言：這個地方總是接收着極端改變的想像，卻未必消化得到。

Week 23

尖東
不再紙醉金迷

「大富豪」夜總會宣佈在尖東重開後歡迎合家歡活動。夜總會「重啟」的新聞，很反映尖東代表香港一種怎麼樣的城市想像——一種對 1980 年代紙醉金迷的追憶，是城市與懷舊的研究案例。雖然如今真的會走到現場懷舊的人不知是否存在，但尖東曾經是這樣的一個符號，人們認為這裏是停留在 80 年代的，至今還未完全改變。

這不獨是意象，尖東部分建築與空間都不曾改變，你會在此看見時代殘留的質感。有些酒店與商場是 70、80 年代建成的現代主義建築，跟尖沙嘴其他地帶的建築不一樣。好時中心最有年代感，從物料的顏色到購物中心的格局，完全停留在 80 年代，尤其那由黃燈泡裝飾的子彈較，踏進去像是踏入時光機。

尖東的公共空間，有不止一個大型噴水池，也是當年最流行的品味。不只建築，尖東曾是日本人聚集開餐廳的地帶，由於來享樂的日本人多，有些第一代「正宗」的日本拉麵店、居酒屋、燒鳥店都開在尖東，如今走進這些老店，也是遇見那個年代。

劇場導演陳炳釗 2016 年編導的《午睡》，背景是 1984 年香港，理想青年經歷了火紅的 70 年代，過後香港竟迎來金碧輝煌的時日。主角多次談到尖東，有一句精采對白是這樣的，「要做個在大富豪夜總會思考的知識份子」。尖東的紙醉金迷，配合前衛的現代主義建築和廣闊的公共空間，在 80 年代初可謂當時得令，然而與中英談判期間香港的憂鬱扣連，那種狀態有一種面對不確定的未來時，今朝有酒今朝醉的狂歡意識。可以說，尖東本是一座香港既悲觀又樂觀的矛盾紀念碑。

尖東雖引發懷舊之情，如今許多去「打卡」和欣賞那些空間的人，想必不少不曾親身經歷 80 年代。這裏引發的有趣文化理論思考是，懷舊可以是抽象的，一個人可以懷他人的舊、懷從沒遭遇過的舊，甚至懷不曾存在的舊，而懷什麼舊，反映了一些人的渴望和當下的思緒。今天去尖東懷舊的人，可能就是想捉緊聽說曾經非常美好的香港——縱使當時的「美好」有許多不同意涵，也不是每個人有共通的體會。同時，尖東本有光明與黑暗，不只有盡情享樂的狂歡。

這片空間總是讓我立時想起組合達明一派的歌曲《今天應該很高興》(1988)。詞人潘源良寫到「鬧市這天，燈影串串，報章說今天的姿彩媲美當天」和「望望照片，追憶寸寸，某一個熱鬧聖誕夜，重現目前」，說出懷舊之下的淡淡愁緒，像是讓我們感受到，人們當年站在尖東的燈影串串前，已在不捨眼前未必留得住的香港。

歌曲的 MV 記下了當時尖東的聖誕燈飾。其時多間酒店與商場利用闊大的大廈外牆，設計聖誕燈飾，不少一家大小習慣在尖東看聖誕燈飾，而這裏作為最重要的娛樂地帶，最樂見熱鬧 。但是，近幾年大家都說尖東的聖誕燈飾大減了，看燈飾的節日情懷也開始消逝。雖然燈飾簡化和減少了，但看燈飾這種老派約會，還是最適合留在尖東，看着燈飾，可思考自己是否懷舊、在懷誰的舊、為什麼懷舊。

Week 24

九龍塘

花園城市想像

今天說到九龍塘，很多人總是先想起又一城這大商場，李歐梵教授曾著書寫城市空間觀察，書名就叫《又一城狂想曲》(2006)，可以說又一城在近二十年重新定義了九龍塘。

曾幾何時，九龍塘時鐘酒店林立，是情侶幽會之地，這種形象卻漸漸愈趨過時。九龍塘被喻為「偷情聖地」的地位開始沒落，就連往日無人不曉的「理想酒店」也不復存在了。樂隊 my little airport 的歌曲《浪漫九龍塘》(2008)，就唱到「I want to sing you a song / about me and you went to Kowloon Tong / We have to be very strong / if we want to do something very wrong」。雖然婚紗攝影店還是林立在此，但是到了近年，九龍塘已不再讓人聯想起這種浪漫。

倒是以英國地名命名的街道，繼續為這裏添上異域色彩，也是一條線索，提醒我們九龍塘有另一種被理解的方法。它在市區中心與地鐵沿線，但竟然只有低密度發展的住宅，清幽雅靜。這樣的社區，反而有點像在戰後美國城市邊緣出現，受羣眾喜愛的郊外住宅區 (Suburb)，這種發展被傳播到各地，影響許多人對於安居的空間想像。

九龍塘原初被建立起來時，追隨的意念是在城市規劃史上非常有名的「花園城市運動」。19、20 世紀之交，霍華德（Ebenezer Howard）在英國出版《明日田園城市》(*Garden Cities of To-morrow*, 1898)，設想如何抵抗當時在工業革命大潮中誕生，讓大多數人活得困苦、在他心目中烏煙瘴氣的工業都會。如果說戰後的郊區發展本質上是反城市的話，花園城市的概念先行一步，但更前衞。

這種想像跟很多強調要高密度、人口集中、創新的城市藍圖不同，是在鬧市劃出平衡自然與人工，結合城市與鄉村的社區，非常謙遜地留有限制人類社羣規模的想法，是靠近自然、遏抑發展的。

除了在各地實踐、意念清晰易明，花園城市在規劃史中的重要地位，也因在各種上世紀現代主義式建城大計中，這個概念可算是在人類技術不斷進步的大前提下，讓城市和郊野的優點融合，而發展的一種全新的居住模式。這樣的想法，在 21 世紀再生成生態都市（Eco-city）的種種大計，但撇除新科技，根本的思考沒有重大改變。今天漫步九龍塘，可從些微痕跡中，接通那被遺棄的烏托邦理想，但又被婚紗攝影店奇幻的場景包圍，是專屬香港的一道風景。

在九龍塘散步，比較獨特的體驗是一直通過大屋之間異常乾淨的後巷，也會遇上夾在大屋之間特別寧靜和像被隱藏起來的小公園。近年停業的漫春天精品酒店原址附近，有小巷連接律倫街兒童遊樂場。公園被住宅、幼稚園、時鐘酒店、道觀團團圍住，是藏在九龍塘中心的一個三角形，在這裏可以遇上的，是來來往往像在幽會的貓。

文化

問一座城市是否有文化或許過時，文化潛藏於日常生活中，沒有城市是沒有文化的。香港被叫作文化沙漠的日子早已遠去，現在反而有一種「無處不文化」之勢。當談到城市文化時，各有不同的意思，有時指向的討論是，這座城市有怎樣的文化場所、有多少文藝設施。然而，文化不只關乎接觸藝術的空間，也關乎不同生活想像可以發聲的空間。

Week 25

富德樓

垂直藝術村

窗含暖日琴書靜
AUTONOMY
BAD TRIPS ARE JUICY GOOD TRIPS BUY BAD
IF IN DOUBT
BREATHE IN/OUT

在軒尼詩道電車路上、馬師道旁同德大押之上，有一幢叫富德樓的大樓，一點不起眼，跟附近大部分同時期落成十多層的商住兩用大樓模樣相當。不過，在香港喜歡藝術和文化的人都知道「富德樓」這個響噹噹的名字，大廈內大部分原是住宅單位，現在由藝文工作者進駐使用，被稱為香港唯一的「垂直藝術村」。

藝術村這概念在千禧後開始於東亞普及，通常是城市裏的廢棄空間或較邊緣的大片空間，被一次過改造成藝術家工作室，有時藝術家會在其中生活，可自行選擇是否將空間開放予公眾參觀，台北寶藏巖國際藝術村就是很成功的例子。一批依山而建的違章歷史建築，轉化成藝術家進駐的地方，亦有外國藝術家定期訪問留駐。

如果說每座城市都有因應其發展模式而誕生的藝術村，富德樓則是對應香港的實際狀態，而它可以「成形」，就可說是一個小奇蹟。

1968 年落成的富德樓，一梯兩伙，踏出電梯一目了然，一左一右兩個單位就在眼前。這座樓宇千禧過後經過翻新，業主偶然間跟資深藝術家馮美華商討，以特惠租金將單位租給希望在鬧市中經營文藝空間的人。馮美華的團隊其後負責面試挑選和管理進駐的藝術工作者和文化機構，栽培他們在萌芽時期成長。如今在頂層的艺鵠除了是一間書店，也是管理富德樓不同進駐單位的統籌機構。

富德樓有十四層，共二十八個單位，有些單位仍然有租客居住。我很好奇，住在裏面的人會否也變得心向文藝？租用富德樓的組織，通常每隔幾年，待營運模式成熟後就要遷出，讓位給更有需要的新人。歷來曾經租用過這裏的藝文創作者，有些後來廣受大眾認識，像推廣哲學的「好青年荼毒室」和初代實驗運作新型媒體的「黑紙」。

如此一來，到訪這垂直藝術村的公眾，每隔一年半載就會認識全新的文藝單位，也起了推動新組織成立的作用。

這藝術村最對應香港情境的，不僅在於它位於最平凡的大樓，更因為多年來文化政策的討論中，參與者屢次提到高昂租金是香港營運藝文空間的重大挑戰。香港不是沒有藝術村，早年多是由營運者和藝術家自發尋找租金偏低的另類空間，例如火炭工廈。藝術村講求藝術家集中在同一聚落（Clustering），生出協同效應，讓願意動身看藝術的觀眾，一次可到訪不同藝文單位。然而，在香港，藝文工作的處境困難，讓藝術家無法不小心翼翼計算開支，如果有共識某地區的租金相對低廉，通常也位處較偏遠地帶。要在城市中心出現藝術村，往往需要等到像富德樓這樣有心有力支持藝術發展的業主出手。

富德樓的珍貴，在於到訪者都會感受到業主的「隱身」。負責管理的單位不強求進駐的人與組織有統一的做法，而這份奇蹟維持了二十多年。更令人驚歎的是其難得的多元與眾聲喧嘩，尤其有趣是，它從未被冠以浮誇的名字，多年來始終被叫作富德樓。

富德樓的動人，也在於它沒有刻意標榜自己是藝術村，而是平實地支持想在鬧市中尋找空間的創作者。這種簡單的社會創新，往往才是最強而有力的。

Week 26

百老匯電影中心

另一種戲院

broadwa
cinemathe

電影院可以是一座城市重要的文化空間和交流場所，這是我讀大學時做了半個影迷、讀了一些電影史才知道的。在成長的歲月，與家人、朋友看電影，多是走進商場裏的大型戲院，雖未至於是外國那種只放大片的影城（Multiplex），但多是院線經營，放映主流電影為主，後來才知道影迷往往有他們喜歡的特色電影院。在看電影的世界，有時有小即是美的觀念，戲院不一定是新簇簇的，老舊的戲院也有風味。

作家黃夏柏寫過兩本《香港戲院搜記》（2015），談香港上世紀一直有多元化的電影院。近年大院線成為主流，獨立戲院相繼結業，讓人很難再想像影迷可以與一家小戲院建立感情，又或擁有因戲院特有的建築和氣氛而去看電影的情懷。事實上，在其他城市仍有的二輪影院，專門播放落畫的首輪電影，在香港早就不再存在。

在倫敦生活時，我很喜歡當地專放小眾和藝術電影的迷你院線，以及地區的名戲院，還有許多以裝飾藝術風格設計的獨幢戲院建築，放映前也會特意欣賞其環境。它們選片的品味獨特，常讓人認識在此前未必認識的獨立或新晉導演，而且身邊大多是有共同興趣的影迷，說不定可遇上聊得來的同道中人。而近年往澳門工作時，我也曾特意去大會堂看電影，大影院分高座與低座兩層，小影院則有《星光伴我心》（*Cinema Paradiso*, 1988）的懷舊氣息。若要通往小影院，竟要穿過大影院的高座，這些都是現在在商業戲院中不會看到的設計。

在香港，只有少數不在商場裏的戲院，可數在紅磡經營超過半世紀的寶石戲院、承載不少屯門人情感的巴黎倫敦紐約米蘭戲院、播放各類型電影的高先電影院，也有香港藝術中心的古天樂電影院，以及由康樂及文化事務署管理的香港電影資料館的戲院等。

看電影也可以是一種空間的選擇體驗。如果戲院是獨立一座建築，就有較大的可能讓觀眾稍為逗留，設計上也可更配合觀影的流程；建築之外，電影院也可以是一種「第三空間」，即在家與工作的地方之外，讓人可以交流對話的場所。

在香港，比較接近這兩種理想的是百老匯電影中心。百老匯電影中心在 1996 年開幕，雖然隸屬於百老匯院線，但從名字已見端倪，它不是走商業戲院的路線，英文名 Broadway Cinematheque 中的 Cinematheque 指向法國新浪潮導演經常流連的法國電影資料館。戲院主要播放非主流的獨立電影，而走進這個空間，不同部分都告訴你，它不只關乎入場觀影，更像一所關於電影的文化中心，空間佈局讓喜愛電影的人可在此相遇，能租借電影、購買跟電影相關的週邊產品，甚至與書店、咖啡店相鄰，讓人可在當中討論電影等。散場時，電影中心外的空間也開闊，經常可看見影迷佇足傾談。

百老匯電影中心的外牆設計顯然花過心思，全白的外牆上有十二個大木框，像是望向遠方的一扇扇窗，但這全貌要站遠一點才看得清楚，尤其從旁邊屋苑駿發花園的廣場看過去，角度最好。電影院曾分享其中兩個影廳的窗戶的設計理念，是用上了電影菲林的不同比例，而放映之外的活動舉行時，有機會可讓光透進。如果你總是趕着進場看電影，可能這些年來都錯過了欣賞電影中心的樣子。

2025 年旅遊媒體 *Time Out* 選出全球五十間最美麗的電影院，電影中心位列其中，編輯更將它跟倫敦的英國電影協會（British Film Institute）空間相比，形容電影中心是後者的香港版本。相信它的美麗在於營造思考和交流電影的文化空間，遠超一般影院的功能，由一種愛好生出這樣一個聚腳地，也是一件浪漫的事。

Week 27

西九文化區
也是城市中的公園

香港攝影師謝至德有一輯照片，是每年拍攝如今名為「西九」的土地，那裏曾經長時間是一片空地。當年一段宣傳未來西九會有個文化藝術區的麥兜影片，麥兜跟朋友齊唱「我要去西九睇下有乜嘢」，最後合唱「嘩嘩嘩嘩好多嘢」時，反而帶點諷刺意味，其時那片填海而來的土地上，什麼藝文場地都尚未建成。

Richard J. Williams 在 *Why Cities Look the Way They Do*（2019）一書中寫，在倫敦泰特現代藝術館（Tate Modern）未建成時，荒廢多年的發電站引發藝術家各種回應與狂想，反而改建成美術館後失去了那種微妙的啟發。我對什麼都未有的西九，也有點可能過度美化的回憶。

曾經海邊擺放了 West Kowloon Cultural District 的巨型字牌，旁邊是公廁，前來的人必然知道這裏將是文化區，現在建成很多場館後，反而拆掉了（Google 街景仍保留 2016 年這幾個大字面向大海的景象）。什麼都未有但可以自由進入的西九，多年來也為我們帶來了不少啟發。昔日西九文化區管理局曾舉辦「自由野」，讓藝術家在一片空白上盡情發揮創意，而當時向大眾推廣使用草地的組織「草民地圖」也辦過「草民音樂節」，亦辦得有聲有色。另外，較大型的節目，像「Clockenflap 音樂及藝術節」和「西九大戲棚」，亦讓人留下深刻印象。

這片在尖沙嘴旁臨海的「黃金地段」，能有大片草地讓人逗留，是西九非常珍貴的一面。著名建築師諾曼 · 福斯特為這裏訂立總規劃藍圖時，想出「城市中的公園」這概念，重點是西九要保留大量綠化與開闊的空間。

多年過後，這想像成功落實，如今想到野餐、遛狗、看海、草地、Chill……很多市民都想到去西九了。同時，跟藝術空間落成前一樣，西九保留大片空地作音樂表演場地，讓人繼續體驗在草地上聽音樂之樂。

就此而言，西九有兩個元素很有效地配合上述意念。首先是海旁的設計，跟絕大多數香港的海濱不同。設計師在符合法例要求的情況下，造出完全沒欄杆的海濱，巧妙在於將海邊範圍設計成連續不斷、低矮的座位，坐下的時候感覺非常貼近大海，而前方有大石阻隔，與海面保持安全距離。同時，長長的座椅旁邊，還有近海的小路，這種靠近大海的設計在香港很難得。

另一精采的設計是，M+ 博物館除了展館和要付費進入的展覽，有兩層平台是全日大部分時間可供大眾免費進出的。這個多層次的公共空間讓人可從多種角度看見維港景色。步至 M+ 陽台，像進入另一個精心設計的公園，那開放性是全香港少見的。同時，在陽台可通往 M+ 的「背面」，該處藏有藝術家野口勇的遊樂雕塑，也是容易被錯過的驚喜。

世上有些城市的藝術區，除了藝文的功能，也創造出市民喜歡前往的公共空間，西九在這方面確實是「嘩嘩嘩嘩好多嘢」。

Week 28

重慶大廈

可親的世界中心

SIM CARDS
RAZZAQ INTERNATIONAL LIMITED
$
消費券

2000 年代，城市研究中有大量關於全球化的討論，主要思考在全球化帶來的「時空壓縮」下，城市有什麼角色。其中一種主流理論說，有些城市擔當「全球城市」，特別多跨國企業在其中設立分部，相應催生興盛的金融服務業。香港的發展軌跡基本上就是那樣，成為全球化過程的「控制中心」之一。

人類學家麥高登（Gordon Mathews）認為，如果上述的概念是「高端全球化」，「低端全球化」同樣發生，一樣關乎金錢、資訊、貨物、人和文化的流通與交會，而尖沙嘴的重慶大廈，正是「低端全球化」過程開展的核心場所。他以典型人類學的田野調查方法，長時間留在重慶大廈作民族誌與觀察，不斷聽在大廈裏生活的人說話，仔細理解他們日常生活的潛規則與細節，甚至在當中無數間賓館過夜，寫成《世界中心的貧民窟——香港重慶大廈》（*Ghetto at the Center of the World: Chungking Mansions, Hong Kong*, 2011）。

這本書破除人們對重慶大廈無法無天或危險的既有印象，說明當中有另一套規則運作，來自不同國家的人在此相遇與交易，特別是來自非洲與南亞的人在此聚集，有商人、有旅行者，也有尋求庇護的人，而這樣的大廈在世上是鮮見的。書裏最讓人記得一項估算，在撒哈拉以南地區的手提電話，曾經每五部就有一部由重慶大廈的電話商經手出售。

近年重慶大廈轉變急速，最重要的商品交易轉移至其他國家，餐廳和旅館在內變成更主導的商業活動。《世界中心的貧民窟》出版後，愈來愈多民間機構舉辦導賞團，重慶大廈不再那麼神秘。公民社會多了活動讓公眾認識這座大廈，也視這裏為學習多元族裔交流和文化多元的核心地。以往有很多人以獵奇目光看重慶大廈，如今則多了認真學習的人，最近更有多元文化匯館（Diversity Hub）在大廈的十七樓開張，人人都可預約參觀。

在電影的世界，重慶大廈一直有着既定的形象，如王家衛的電影《重慶森林》(1994) 中，大廈像是生人勿近，潛藏着很多秘密；在陳健朗導演的《手捲煙》(2020)，大廈仍然充滿罪惡，但現實的情況不同了，三十年間觀念有很大的改變。

重慶大廈作為文化大熔爐的角色愈加被看重，如今旅遊發展局和航空公司也會推薦各國遊客來這裏參觀學習。若仍說重慶大廈是黑暗或危險的，反而顯得落伍，說法滲進了一定程度的偏見與誤解。這個地方變得可親，而眾人如何與大廈裏的社羣互動，今天更值得細看。

唯一不變的是，尋找美食仍然是吸引大眾前來的原因。不過，即使是關於吃，觀念也不同了，由原本扁平的說法「去重慶食咖哩」，到近年食客知道裏面有加納菜、土耳其菜，印度餐館也分不同地域的菜色。重慶大廈本身的多元混雜，公眾也慢慢理解了。

Week 29

上環太平山街

社區的魅力

2023 年，上環被旅遊媒體 *Time Out* 選為全球最酷社區（World's Coolest Neighbourhoods）之一，排名第五，是亞洲區城市中排名最高；2022 年，太平山街亦被選為全球最酷街道（World's Coolest Streets）第七位。以 *Time Out* 的說法，上環尤其太平山街一帶之所以迷人，在於這裏什麼都有，既有吸引的咖啡店與壁畫、塗鴉，也有受歡迎的餐廳及民眾參拜的廟宇。

這種「什麼都有」某程度上是選擇性的描述，與其說真的是什麼都有，更精準而言，是這個地方擁有大量充滿魅力的消費空間，例如是聽說必須一試的牛油果多士、最貼近社交媒體當前品味那些裝潢亮麗的餐廳及咖啡店。當這些餐廳連環進駐，附近亦開始有畫廊、書店、瑜伽教室、陶瓷教室、酒吧等開業，形成了一種很酷的氣氛，特定的消費者渴望在假日來到的社區。西方城市有時會叫這類消費者作 Hipster，但這樣的說法有可能過度標籤一個羣體，或將喜歡到訪這些街道的人平面化，實際上想去「Hip 社區」的人，種類可以很廣。

這種魅力有一定的普及性，充滿新潮小店的社區確會讓不少人喜歡流連，但我總想，除了店鋪之外，還有兩個因素共同塑造這種社區的吸引力，一是關於空間特質的，二是關於空間的文化脈絡。

空間特質是指這片環境的道路、地形與建築形態，本來具有一定吸引力，再跟店鋪結合，兩者的魅力互為牽引。像太平山街的樓梯與小巷，就跟其他社區不同，主要由矮樓組成，老樹處處，帶來獨特的空間感。在此散步，一層層向上探索，很容易留下對這地方的印象。

至於空間的文化脈絡，則指向太平山街社區的深厚歷史。這一帶是殖民地初期最核心的華人聚居地，華人精英在附近的文武廟商議政事，東華醫院在此開辦，如今走進廣福義祠，在最裏面的部分可看到居民在這裏「等死」的歷史，垂死病人會來到這裏，視這裏為歸宿。1894年的鼠疫改寫了香港的城市發展，自此殖民地政府開始更直接介入華人社會，而那場鼠疫侵襲的社區正在此地。卜公花園正是百多年前因鼠疫過後整片民房被剷除而興建的，旁邊的香港醫學博物館整全地道出這段歷史。

一個社區的空間特質與文化脈絡，連同受羣眾愛戴的商店，共同構成了一種複合的社區「真實性」(Authenticity)。借用城市社會學家雪倫・朱津（Sharon Zukin）的討論，那種「真實性」讓一個社區不可被完全複製，也構成了帶有故事性的內涵。來到這個社區的人，除了消費商品，也在追尋與享用地方的真實感，尤其在城市裏愈來愈多空間變得相似的當下，一個社區如果有複合的魅力，就會被大眾記住。近年，這裏有過特別動人的社羣，是如今已結業的見山書店，既連繫了一班書迷，也跟旁邊的郁鍵快餐結起情誼，讓更多人認識到已扎根多年的港式快餐店。

一個很酷的社區，不是只簡單關乎商店的概念，也有關於社羣和社區「真實性」的討論。城市研究時有論及，新潮和受歡迎的商店連同所帶來的新人流，讓一個社區士紳化，即讓同區租金上升，令本在該區生活和經營生意的人被逐離該區，這是另一議題，在此無法詳述，但近年深水埗大南街的變化曾引發相關討論，也可參考對照。

Week 30

獨立書店

大家的第三空間

香港

在一些城市，獨立書店可以是著名地標，像巴黎的Shakespeare and Company、倫敦的Daunt Books，經常在電影出現，而你也輕易在香港遇上揹着書店布袋的人。也有些城市，有屬於書店的地區或街道，人們會記得東京的神保町和倫敦曾經有一列二手書店的查令十字路，後者更有一本以之命名、跟書店有關的動人作品《查令十字路84號》(*84, Charing Cross Road*, 1970)。

而香港也有讓市民引以為傲的獨立書店，但並非一間，不止在一條街或一區，而是各間獨立書店共同構成的特殊經營形態，甚為特異，任何愛書人來到香港，應該都會為他們鼓掌。自上世紀末開始，香港發展出二樓書店的生態，而且不斷演化。起初大家的焦點在於香港的租金太貴，賣書這樣利潤微薄的行業，根本不太可能在地舖生存，尤其是有些專門精選小眾喜好、獨立出版和實驗文藝書籍的書店。雖叫作二樓書店，但這些書店有時開在更高的樓層。

出版社「字字研究所」的創辦人呂嘉俊曾跟我說，明明賣書牽涉大量的搬運和體力勞動，特別不適合搬到旺區沒有電梯的大廈，偏偏有些獨立書店開在既沒有落貨位，也沒有電梯的樓宇裏，這是引發深思的現象。如此西西弗斯式經營書店的模式，結合香港的城市發展形態，不只一間，而是十數間獨立書店這樣共同存在，加起來就是香港一組具代表性的文化空間。

曾在不只一區開業的洪葉書店、樂文書店、榆林書店和開益書店等，兼賣流行書籍和人文社科書，起初特別強調有賣台灣出版的書，有折扣，吸引「雜食」的愛書人，可算是第一類二樓書店。青文書屋、曙光書店、書得起、阿麥書房、序言書室等，專吸引對不同思潮和特定範疇感興趣的讀者，凝聚喜好相近的社羣，有時舉辦文化活動與講

宋體
黑體
圓體
手寫體
銅鑼灣企鵝
老屋時態

座，可算是第二類二樓書店。這裏提及的第一和第二類開在樓上的獨立書店，有些已不再存在，但共同啟發了當前在香港如雨後春筍出現的書店。

大概在 2019 年前後，愈來愈多迷你書店開業，不再完全走向普及或走向專門，反而展示經營者的個性、態度與想像力，較像社羣空間，讓不同的人聚在一起，部分甚至探索舉辦跟書籍沒直接關係的活動。這些書店像是為了當下而設的實驗空間，可被視作第三類型的書店。

這類書店的實驗性在於，大多不只賣書，也會讓與另類生活模式相關的產品，以及香港的獨立創作佔據書店空間，而書店也會預留空間，持續舉辦大量活動，促成文化對話。由於書店的空間相比其他連鎖書店，始終算是細小，很多這樣的對話都是親密而真切的，容易連結一羣讀者。

而這類書店有不少受從前阿麥書房的創辦者莊國棟（James）啟發。他曾數度發起「七份一書店」計劃，讓七組經營者一起營運書店，分擔七份一間書店的責任，令試開書店的門檻降低了，及後更有一次是聚集了四十九組人一起營運「49 份格仔書店」。後來，一直有從那裏「畢業」的愛書人營運自己的書店，遍地開花。

要認識香港這座城市的狀態，可以在各間獨立書店走一圈，觀察它們不只作為一間店鋪，而是切實地成為讓人與思想交匯的地方。在這裏，你會遇見在大型書店無法遇上的書、會遇見你沒想過存在但會想讀的書，也往往可跟店長、店員和其他書迷傾談，從書開始，聊到其他。這些迷你的書店，像是把一切的可能性都壓縮在彈丸空間，那種張力，本來就很香港。

當然，獨立書店的性格鮮明，無法完全被上述的框架形容，有的也不在二樓，而是在街市裏、在田野裏、在工廈裏。書店的羣像，是香港一種不可思議的城市空間，而且彼此有連結，在「獨立書店 · 每周一書」的網頁就可看到各書店的推薦。

Week 31

太古城及太古坊

公共藝術樂園

公共藝術是一座城市的資產，深入民心和大家記得的公共藝術可以成為城市的重要標記。芝加哥千禧公園（Millennium Park）裏安尼斯．卡普爾（Anish Kapoor）的作品雲門（Cloud Gate）就是一個好例子，雕塑像一顆巨大豆子，彎曲鏡面映出周圍風景的變幻形態，大眾喜歡看見在其中的自己，都愛為它拍照、跟它互動，而這作品亦成為芝加哥的地標之一。

有關公共藝術的美學和藝術史討論非常多，起初聚焦在「公共」二字，戰後西方不少城市生出了一種想法：國家有責任動用一部分公共開支，在博物館與傳統藝術空間之外，讓市民可在公共場所享受藝術。在第一波公共藝術的實踐中，有大量例子都是經得起日曬雨淋、而且維護費用較低的大型雕塑，包括關於城市歷史與記憶的紀念碑。曾聽過一個說法，很多香港人想起公共藝術時，第一時間會想起英國雕塑家亨利．摩爾（Henry Moore）的作品，因為殖民政府曾高調將他的作品帶到香港，1970 年香港市政局就與英國文化委員會，在昔日位處大會堂高座的「香港博物美術館」舉辦過亨利．摩爾的展覽，其作品如今仍放置在怡和大廈外及交易廣場。

後來，公共藝術的理論、爭論和實踐持續變化，大體而言可分為幾種討論。有些藝術家開始提倡公共藝術不一定要在公園和廣場出現，也可以在其他出人意表和大眾會經過的地方，可以是室外，也可以在室內。在香港，藝術推廣辦事處的「藝聚政府大樓」計劃就是一例，計劃公開招募作品，裝置在政府部門所在的建築物裏。有些討論則在思考公共藝術是否應該「場域特定」（Site-specific），即作品要切實地回應所在的環境，而不只是「空降」的藝術。

及至近年，有人討論何謂「公共性」，嘗試把公共的意義拉闊，不一定要國家的資金或裝置在政府所屬的土地上，才可以是「公共」。公共藝術的「公共」，也可關乎在開放環境裏的藝術品，如何促成人與人、人與作品之間持續的互動。因此，商場、鐵路大堂、屋苑的通道等，也有配置公共藝術的考量。

香港受這些思潮影響，不只公共部門，發展商也有專門思考公共藝術的團隊。在上世紀 70 年代，藝術遠遠未如今天般進入社會主流討論，但當時落成的大型屋苑太古城，在其平台、公共通道和環境裏，已裝置了四十組以上雕塑。這陣容差不多可被視作戶外的雕塑展了，而且參與的藝術家，大多是在香港生活與工作的華人藝術家，如文樓和李福華，現在回看，那個年代有如此選擇並不常見。很多人今天去太古城，多是逛商場，我總告訴他們，僅幾步之遙走往戶外空間，就可遇上密集的公共雕塑。

從太古城漫步到太古坊，可切實看見公共藝術發展的演化。太古坊是辦公大樓林立的區域，公共藝術也遍佈在通道、公園和建築物內部。任誰都可立時比較，這些千禧後才裝置的公共藝術跟太古城那邊的非常不一樣，以往着重有距離地觀看，如今則強調觀眾應該可與它們互動，例如是觸摸與嬉戲。所以，太古坊的裝置不再全是堅固物料造成、只鼓勵遠觀的作品，更多是沒有圍欄，完全鼓勵路人去觸摸和逗留的新型作品，如有可同時讓十數人安坐和躺臥的裝置「Please Be Seated 請就座」。

從太古城走到太古坊，就像遇上教科書般的空間，可盡見公共藝術的流變。這樣重視公共藝術的機構以往在香港不多，太古可說是開了風氣，到了近年，「無處不藝術」才成了主流。

消費

曾幾何時，只顧吃喝玩樂購物的人被稱為「港豬」，但城市研究認為，消費是日常生活重要的一環，深刻影響城市的面貌。香港多年以飲食天堂和購物天堂自傲，證明飲食、購物皆有大意義，要真正認識這座城市的人，必要從相關面向入手。所謂的「天堂」為香港帶來了什麼空間，是不是跟其他城市不同，這是重要的問題。

Week 32

旺角「商場」
MK 式生活廣告雜誌

潮流地域

就如〈在西洋菜南街共舞〉所述，因受電影影響，人們想到旺角時可能會想起罪惡、瘋狂和雜亂，除此之外，香港人想起旺角，必定會想到的是MK這個說法。當然，MK不只是旺角英文地名Mong Kok的縮寫，還被用作形容詞，指向一種主要關於穿著和行為的風格與文化。「好MK」、「MK仔」、「MK妹」等形容，曾是廣泛被使用的日常語彙，甚至有人把專拍港式愛情小品的導演戲稱「MK活地阿倫」。

什麼是MK？難以完全說得準，而且每隔幾年，字彙的定義好像會稍微改變，以至現在有人認為MK文化已經開到荼蘼了。MK這個形容詞，源於曾有十數年，青年不作他區想，有事沒事都會蒲旺角，覺得在這區流連就可接觸種種最新潮的事物。

然而，MK又不是指向新潮時髦，這件事值得解說一下。從千禧前後到2010年代，當十來、二十歲的青年約朋友逛街吃飯看電影，都不假思索去旺角，除了讓最新的事物、流行文化的產物，以至最受喜愛的消費選擇都集中在這區外，同時也衍生出一種效應：所謂「太新潮」、邊緣和其他尚未被羣眾接納的事物，也會最先在這裏出現。

可以說，MK曾指向一部分相對邊緣的青年服飾選擇，跟旺角這片地方有一定關係。部分次文化和青年文化曾「專屬」於旺角，例如最新的日本品牌服裝、紋身、銀器等，在其他地區難以尋覓，而多是集中在旺角商業大廈的店舖中。後來，MK漸漸變成一個什麼都能被填充的詞彙，只要跟青年文化和潮流有關，而又被負面接收的特質，如通過奇裝突出自我的舉動、抽煙和滿口粗言的，都會被叫作MK。這形容開始不再有穩定的意涵，被形容為「好MK」的事物數之不盡，而且多是帶有貶義。

Ⓕ
消費

→

Week 32
旺角「商場」

MK 是其他人對「日夜蒲旺角的青年」形象的想像。雖然旺角是購物的中心，本來就混集了不同階層和背景的人，但這種青年形象過於鮮明，以致他們各種被看不過眼的舉動，都逐一被加進 MK 的意涵中。

MK 語義不斷膨脹的歲月，也就是旺角作為青年據點的黃金時代。在 2010 年代後半，最新的青年文化和次文化的據點，漸漸轉移到網絡世界，MK 跟字面意義上的旺角漸行漸遠，這形容也不再那麼重要了。

讓 MK 這形容詞誕生的城市空間，最核心的是信和中心、旺角中心、潮流特區、皆旺商業大廈、荷李活購物中心、兆萬中心等一眾購物空間。這些商業大廈最低的幾層，都被分劃成百來呎的小店舖，大致售賣最當時得令的產品，從玩具扭蛋到被炒賣的球鞋、從動漫電玩到歌德式首飾，只要在旺角這些被稱為商場，但不完全是商場的地方逛一圈，任何人都可緊貼青年的品味與消費脈搏。

這些地方如今跟高峰時期相比，當然難以比較，網購和潮流運作的轉變，讓青年消費不再有穩固的中心點；但時至今日，去逛這一系列間接促成 MK 一詞誕生的「商場」，還是一趟讓人滿載而歸的旺角行程。

曾幾何時，行旺角就是逐一去逛這些商場，幾小時內，就可以逛上過百間小店。今天重遊舊地，也許不再像從前熱鬧，小店未必再走在潮流尖端了，多是販賣更大眾的玩具，更有玩味的可能是視察旺角作為青年據點留下的痕跡，有的是已消失但殘餘的細節，有的還在經營、幾近多了「復古」的味道。行 MK，除了混雜的街道，還可以逛一次這些獨立地方。

在城市研究的討論中，關心青年文化和次文化的討論一直存在，青年的品味甚至可開創一些特定的城市空間，例如是滑板場和街頭小吃店。這樣一股塑造城市的力量，有時更可形成一整個區域的鮮明形象。如東京的「澀谷系」在 90 年代主要形容一種音樂類型，後來跨向時裝、流行文化和行為風格，也是從一個區域而來，漸漸超越了地區意義上的關連。一座城市的青年，在不完全有意識之間，其實有力把一個地區轉化成一重文化浪潮，而潮起與潮退，多是一、兩代人之間的事。

如今去旺角，從信和行到旺中，還是會為千禧年代旺角盛載的青年文化能量稱奇。那些一座座在 MK 的「商場」，就是那個時代存在過的證據。

Week 33

大美督燒烤場

BBQ 文化

大尾篤麥師傅
TAI MEI TUK BBQ KING
正
全場腌製肉類八折

當提到大美督一帶的「一站式」燒烤場，別誤會，我指的不是郊野公園內由漁護署管理的燒烤區，雖然這些空間與這條論題關係也密切，也不一定要去某個特定的私營燒烤場。然而，當我們說到一個付費入場即可盡情燒烤的園地，不少人最先想到的就是大美督的數個地方。

集體坐車前往某個遠離鬧市的地方，帶上調好味道的雪藏肉食、蜜糖、燒烤叉、袋裝炭到郊野公園燒烤，早已深入香港人的集體意識，幾乎與飲茶食點心一樣，成為標準的團體活動。這種活動甚至滲入日常用語，因着電視劇太常以全員燒烤作為結局橋段，於是衍生了「BBQ 大結局」的惹笑說法。也就是，大夥兒一起 BBQ，算是香港人「團圓」和朋友聚會必有的劇本。

英國人喜歡在仲夏時，帶着即棄小型錫紙炭爐於公園燒香腸；美國人會在自家後花園開燒烤派對，而台灣人則在中秋節時習慣家家戶戶烤肉……這些場景常見於電視劇。燒烤文化融合各地的文化而各有變奏，至於「港式 BBQ」的獨特之處是，食物種類千變萬化，不因要跑到郊野公園而一切從簡。為食物塗上蜜糖、以木筷子烤棉花糖、烤海鮮，有時甚至會有火鍋，無需問為何，這套港式燒烤文化已自成一格，成了被發明的傳統。

在我眼中，認真觀察這種燒烤活動的運作，就是走進一片「很香港」的空間。如果要跟外國朋友解釋，這是許多香港人的郊野初體驗，必定是一件略帶荒誕卻趣味盎然的事。

這樣的文化後來更發展出一種獨特的香港餐飲空間。當自備材料到郊野「霸爐」被視作過於繁複，私營燒烤園應運而生。每人付上百多至二百多元入場費，可被分配一個燒烤爐，可在自助區域隨意夾起總是半解凍的肉類，直至吃飽。「一站式」燒烤場，把原本在郊野公園發生的體驗搬進園地，以更有效率的運作方式，讓無需準備的人也能輕鬆享受 BBQ，有如走進大餐館中。這是港式 BBQ 與香港對便利和效率的執著結合，可算是雙重的「港式」體驗。

近年，隨着醫學建議經常提及燒烤影響健康，香港人對集體燒烤的熱情似是稍有減退，曾經遍地開花的大型私營燒烤場逐漸減少。我總是很想帶各國遊客一探這些燒烤場。它們是我心中的香港飲食遺產。全世界都有任食模式（All you can eat），但把這模式結合在郊野發生的小型「圍爐」港式 BBQ，變成集體在戶外像茶樓般一起燒烤，是我若移民離開香港定會懷念的空間與記憶。

Week 34

太安樓

也有夜市

太安樓
CHAGU

曾幾何時，香港的城市認同建基在街頭小食上——魚蛋、燒賣、腸粉、煎釀三寶、牛雜、炸大腸，單是列出這些名字，已令人垂涎。這些小食往昔來自街道上的小販，幫襯小販的經驗也深植香港人的集體記憶中，但香港追求「潔淨城市」的意識形態，令小販相繼被取締。

1990 年代，我們仍不難找到小販的蹤影，千禧過後卻僅餘下幾個角落，且限時限刻才可遇上；來到今天，小販幾近完全從這座城市被驅逐離去。學者葉蔭聰和林藹雲曾出版《沒有小販的都市？》（2000）一書，除了分析衛生城市的想像與政策如何逐步讓小販消失，也提到讓經營餐飲的人「入舖」和繳交租金，涉及當權者的考量。

街頭小食的特有風味亦包含一種「非正規」的地方感，入舖後的小食檔味道依樣，卻總是差了點什麼似的。2010 年代開始，全球城市多了發現街頭小食的魅力，將其視作旅遊賣點，讓居民在派對式的氣氛中消費，於是販賣小食的市集日益增多，有時是期間限定的，有時則會建立出永久的街頭小食檔市場。這樣的攤販，在不同城市有不同的模樣，例如在美國常見改裝小貨車的美食餐車，可以去到不同地區聚集。幾年前，香港政府曾重新發現小食的魅力，嘗試仿效並引入美食車，卻總與香港原有的小食文化存在距離。

小食的「復興」，曾進入主流政策與文化視野，帶起了關於夜市的討論。一時間人人都問，台灣夜市的成功模式能否在其他城市複製？對於香港，這樣的討論像是繞了一圈，香港本就有由下而上、非正規的小販與小食文化，但多年來的規管不太有效地將小販合法化和正規化，反而令他們消失。要重新建立一個市場，令小食檔進駐又可經營下去，並不容易。

過去，小販會在農曆新年假期於旺角擺賣幾天，市民的雀躍反應讓人感到這種消費模式還是有其吸引力。

小食攤販要自然地聚集，帶點偶然，也需天時地利人和。香港最貼近夜市想像的地方，當數西灣河的太安樓。太安樓從上世紀 80 年代起，在地面發展出小食夜市，至 21 世紀經歷了被重新發現的過程，每過幾年都有新一代「發現」這地方，並為之着迷，甚至也是遊客前往的景點。檔攤全在地下的一層，且有流動攤販，營業至深夜。與它接近的是葵涌廣場的小食檔，但商場關門時間較早，檔位分散於多層，與一般夜市的經驗有所不同。

如今走在這個「夜市」，很難想像太安樓在 1968 年落成時，曾號稱世上規模最大的私人住宅建築。遠觀太安樓，確是龐然巨廈，彷彿由多座建築連繫而成，實際上是一座每層戶數眾多的大型住宅樓宇，在當時屬新穎的設計。那樣的設計，讓地面能用作零售用途，空間如佔地廣闊的迷宮。正是這種獨特設計，造就日後在各種偶然間形成這難得的夜市。

Week 35

九龍城

市政一條龍

金船
泰國菜

要去的不一定是九龍城，但這星期想繼續談吃。想到吃，香港讓人最先想起的社區，九龍城必定榜上有名。有些人會想到這裏有大量的泰國菜餐廳、售賣食材的名店、老潮州菜館、名火鍋店、馳名的茶餐廳等。夾在聯合道、賈炳達道、打鼓嶺道和太子道西之間，昔日因毗鄰啟德機場而遍佈低矮樓宇的街區充滿魅力，每隔幾步路就可遇上非連鎖、琳瑯滿目的飲食場所。

小時候，我一去九龍城就會想到飲食作家蔡瀾。他總是讚賞這社區的多元，以及食物種類很豐富，電視節目《蔡瀾逛菜欄》(2007) 很受歡迎，教會大家「近市場得食」。因此，逛九龍城時，我認為市政大廈的街市，也就是食評人和名人深愛的街市，就是這裏的「中心」。

就如各區市政大廈的設計，街市的上層是熟食中心。雖然那裏的餐廳不一定使用街市的食材，但那種由選購材料至煮食的一條龍的感覺特別吸引。在這裏，有蔡瀾最喜愛的「樂園」，茶檔也高掛起他送贈的墨寶，寫着「勝過鮑參肚翅」。然而，更有趣和迷人的，不只是從街市走上去熟食中心，而是再走上去又可遇上圖書館和兼有各種球場的體育館。所有設施都收在一座建築裏，這是再達另一層次的一條龍了。

「市政一條龍」，這個在殖民地時代晚期誕生的政策深遠地影響了香港人日常生活。80 年代，當時的市政局及區域市政局提出了一種創新的市政想像，就是在一座多層大廈裏滿足各種不同範疇的日常需要。活雞、活魚跟打羽毛球的人、借書的學生可在同一座大樓裏相遇的破格想法，雖然我們很熟悉這種運作，卻絕非平常事。「市政大廈」與「綜合大樓」的名稱聽起來簡單，執行起來卻是很前衛的。

建築師一般多設計單一功能的大廈，市政大樓要同時兼顧差異極大的物流與基建需求，可以想像，在當時接下任務的建築公司都要帶着使命感，準備創造一種全新的建築形態。我很喜歡逐一到訪這種市政大廈，往往從細節中看見設計的野心，而且很容易在裏面遇上快樂地享受生活的人。在上世紀 80 至 90 年代落成的一批市政大廈，尤其像宮殿一般，大堂與外觀氣勢磅礡，會讓人以為是什麼大型博物館。我印象特別深刻的是香港仔市政大廈，不過近年大廈翻新後，原有部分精巧的設計被改裝遮蔽了，幸好在 M+ 博物館仍可找到設計圖。

在九龍城的這一座，樓層不算多，反而向橫發展，圓形的窗有點心思。記錄香港不同地方的專頁「香港遺美」曾分享，這座由巴馬丹拿設計的建築，特別搶眼的是內裏鮮黃色的管道，「瀰漫着 80 年代的太空熱」。九龍城重建計劃如箭在弦，計劃中市政大樓要被重置，如果問廣大市民，大概不少人都會對市政大廈有感情，作為一種香港特色的建築，是時候得到更廣泛的認可。

Week 36

鯉魚門

海鮮與海邊

在講華語語系的城市，在街市或超級市場買「新鮮」食物的意思，對其他地方的人來說是匪夷所思的。「新鮮」可以指眼前出售的食材是活生生、會動的，從活雞到田雞，從海魚到龍蝦⋯⋯而香港人對海鮮鮮活的要求尤其高，不只體現在街市魚檔，也體現在這座城市裏，有一系列讓人專門吃海鮮的角落。

這些角落，如鯉魚門、西貢、布袋澳、流浮山、三門仔、三聖村等，全都有近似的設置——有一條「海鮮街」，售賣海產的店舖並列，旁邊是一列餐廳酒家，作海鮮加工的生意，也就是食客自行在海鮮檔挑選海產，付款後就帶去心儀的餐廳，餐廳則收取烹調費，這就是標準「在香港吃海鮮」的流程。

這些「海鮮站」回應了人們對香港曾經是漁村的想像，讓人覺得香港「無處不海鮮」，似乎不同角落都有漁民出海捕魚，把新鮮的魚獲帶回來賣給大眾，再即時煮食。然而，我聽過最意外的一個說法是，現在見到的這些角落根本沒有漁民出海捕魚，海鮮去到那裏，是經過批發與運輸的過程，那些海鮮檔不像日本和台灣的魚市場，直接把魚獲從漁船帶到店舖，而是刻意建設出來的景點。像是鯉魚門的「海鮮美食村」，就是特意建構有風味的空間，但沒有漁業存在。

另一有趣的討論是，在看來最新鮮的環境購買和進食的海產，究竟是否來自本地？單是「本地」這兩個字就充滿爭議，因為在香港街市和日常買賣的語境中，有「本灣」與「本地」之說，本地有時可遠至南中國海和惠州，我們難以界定何謂「香港產」的海鮮。近年多了人追求「本灣」海產，收窄了的定義指向蒲台島和西貢等海域，比較接近大眾想像中「香港魚」。不過，這些專吃海鮮的地點，還供應大量來自東南亞和全球各地的海產，站在魚缸前，就可看到全球化的食物供應鏈。凡此種種海鮮放在一起售賣，如果不是熟知這背景，就要逐一問產地來源才可知道。

說了這麼多，並不是批判，這些地方確實供應新鮮的海產，雖然價格不菲，但也比不少坊間酒家相宜，而且味道確是出色。我想強調的反而是，所有這些海鮮站都以不同方法建構一種抽象的「真實性」，讓人覺得可以「直接」買海鮮，也有「風味」，細看這些營造風味的細節和設計，也可享受這些半景點半餐飲空間的樂趣。值得一提是，離鯉魚門不遠的觀塘魚類批發市場，正是真正批發海鮮的地方，近年被網民發現而廣為推介，看來對追尋海鮮的食客而言，「真實性」的定義亦在改變。

在這些專門吃海鮮的空間中，我很喜歡觀察鯉魚門，也喜歡在其中行走。鯉魚門有一個標誌性的牌坊，買海鮮的人會走進了三家村民居之間的窄路，遇上海濱學校的運動場，又在不規整的海旁，忽然看到新近設置的觀景台。穿過「海鮮街」的一切，來到馬環村，像來到另一個鯉魚門，這裏不再買賣海鮮，是夾雜鐵皮屋與石屋的民居。由那兒行到路的盡頭，連接着石礦場遺址，現在是一片滿佈野草的廢墟，就像踏進了世界盡頭，是香港一片獨特風景。

另外，從一些 2000 年前後活躍於社會運動的前輩中得悉，三家村一帶曾有居民運動反對遷拆，跟大磡村和何家園都可說是香港基層城市運動的先驅。當時鯉魚門等村的居民通過名為「我的家園」的計劃，發展有關「家」的解釋，以及由下而上的地方營造等論述，探討自建家園的理念與實務，嘗試視鯉魚門為「家」，抗衡它只是吃海鮮之地的形象。他們曾辦「自力造屋工作坊」，也嘗試打破寮屋必然是破舊的迷思，鼓勵共同維修自己的家園。如今回看，世紀初就推動這些觀念實是前衛，可惜多年過後已無法在鯉魚門具體地看到這些文化行動的痕跡。

Week 37

南豐紗廠

是不是商場

對香港人來說，逛商場猶如呼吸般自然，拆解商場一切機關算盡來促進消費欲望的空間，在香港文化評論中可謂「顯學」與「範式」。

又一城、apm 和朗豪坊等新商場在千禧年前後陸續開幕時，引發大量評論。很多評論指向這些商場空間的規劃不如從前般清晰，而是像走入迷宮，引領消費者繞行不同路徑，沿途遇上消費的誘惑。至 2010 年代，新落成的商場似乎不再那樣矚目，也不再令人有新鮮感，少了在設計、空間與營運上有大突破的商場落成，商場的數量有點飽和，同時店鋪清單也愈來愈近似。

及至近年，商場發展與空間變化又像突破「瓶頸」，如尖沙嘴海旁的 K11 MUSEA、啟德的 AIRSIDE，都是「以藝術作為方法」，將當代藝術的美學融入購物商場中，在社交媒體時代中，意在重奪大眾的注意力。

在人文社科的研究中，有一派論述強調商場不是只有一種邏輯的空間，不是只會引導人消費，同時逛商場的人並非全然是被動的消費者。

探討香港消費文化的學術專著 *Consuming Hong Kong*（2001）中，社會學家呂大樂所寫的文章“The Malling of Hong Kong”深化了這種理論。購買既是日常行為，而當這行為演變為集體記憶，以及代表香港的逛街購物文化，就會塑造出特定的使用方式和關於商場的情感，舶來的商場和原本只吸引遊客的景點，也可漸漸成為本土青年和香港人建立認同的地方。

海港城在半個世紀前出現後，香港人不只多了一個購物場所，還讓 Shopping 變了香港的「特色」，漸漸才有了「香港是一個大商場」之類的說法。呂大樂以海運大廈的例子分析，說明商場可有「開放」的一

面，這城市空間可以被大眾當成是公共空間，人對商場的「用法」，也可「軟化」商場的既有意義。

2001 年，呂大樂在文章結語說，「到現時為止，商場之於香港仍是王者」，說的是商場文化的主導性。如今，商場簡直日常得人們幾乎忘了再細看它們存在的形態。我們注視商場的趣味，在看消費之外，也可看香港人怎樣普遍把商場視作「虛擬」的公共空間和社區空間，通過逗留產生另類意義和用法。有人會溜到商場沒設座位的邊緣角落休息，拓展使用商場的可能性，主動改寫商場原有的設定。

如上提及，在見慣見熟的大型商場之外，近年也有被保育的建築變成「類商場」的「文創園區」，是在東亞不同城市出現的潮流。這些地方漸漸與一般的商場並駕齊驅，被視作主流的購物空間，有的則變成一種古蹟商場。

像荃灣的南豐紗廠，可算是一種新型的古蹟商場，同時有當代藝術展覽廳在內。它是由現代建築和工業遺蹟改建成的文創綜合空間，是最新型的商場範式轉移，比拔地而起的「藝術商場」再走前了一步。

南豐紗廠以香港工業史入手，以鮮有受保育的現代主義工業建築營造其風格，將其呈現在每重細節上。這種百搭空間，曾經是我們熟悉的商場，一個保證大眾閒暇時可在內花上大半天，一次過滿足文化、飲食、購物、親子等一籃子需要的空間，而且結合藝術並講求格調。另外，南豐紗廠的營運政策也走在時代之先，容許寵物進入，令這地方成為荃灣以至其他社區養狗之人的聚腳地。

這種模式，在倫敦改造巴特西發電站（Battersea Power Station）時，可謂發揮到極致，也讓「工業遺蹟╳商場」的組合備受全球關注。不少朋友走進倫敦這建築時，高呼這裏「很香港」，因為我們已擁有一系列朝這方向走的新商場。半世紀多前，香港人踏進海運大廈時，也許不會想到他日一站式的消費場所會移師到當時活躍的工廠裏，香港人「造商場」，自此已邁進新的階段。

新界與邊界

新界佔據香港廣闊面積，卻總被想像是在邊際的。這種邊緣性取決於觀看視角——相比香港島或九龍的土地大多被使用，大片空間未被發展的新界自然被視作邊緣。每座城市都有被想像為「後園」的地帶，不一定地理上處於邊緣，但被賦予這樣的意義。重新檢視新界的土地、新市鎮的生活形態，以及邊界對香港的意義，都是公民社會關心的課題。

Week 38

香港中文大學

粗獷山城

在《城市散步學》裏寫過，從中學時參觀香港中文大學，到在這裏讀本科、擔任助教，現在當上講師，這座校園在近二十年來影響我太多。這幾年，我一直在中大帶散步團，介紹這所大學的歷史和建築，從公共知識談到個人故事。

在許多大城市，重要的大學校園往往不在市中心，而是建於城市邊緣，佔地廣闊。一方面，這提供充裕的學習空間和舒適環境；另一方面，也有留有幾分「與世隔絕」、大學作為象牙塔的意味。然而，在一些大都會，有大學因着歷史原因而建在城市中心，成為旅客參觀的必經之地，甚至是一座城市的地標。很多年前，我遊台北時，剛好住在台灣大學附近，覺得大學跟社區很接近，讓人覺得這座校園很有親和力，大家像是可隨時路過散步似的。

相對而言，中大不是大部分香港人，甚或遊客特意到訪的地方。中大是建在城市邊緣、遺世獨立的校園。整座校園建於山上，因而被稱為「山城」，除了上山的路走來也吃力，而且建築建於山上，如果不熟悉各種捷徑和電梯連接的通道，很容易在這裏迷路，讓人覺得難以探索。

這些年，我向所有朋友介紹，遊訪中大可簡單分為「山上」跟「山下」兩段旅程。大學的山腳部分是最先被建成的。早在中文大學成立前，南來的崇基學院已設在馬料水山腳。早期的崇基建築，先後由第一代華人建築師中鼎鼎大名的范文照、周耀年、李禮之、周啟謙等設計。因此，在崇基行走就如觀看第一代校園，尋訪上世紀 50、60 年代已存在至今的校園建築，例如是應林堂與華連堂兩座宿舍。近年隨着一部分最古舊的崇基建築被拆，有更多人留意到建築中的獨特風格，尤其以花崗岩拼砌成、被叫作「毛石」的多幅石牆，可說是山下的記認。

香港中文大學學生會會歌非常有氣勢，開首幾句歌詞，「開了山，闢了地，我們的神聖工作是拓荒」最教人記得。這一句不只意味着教學與知識的拓荒，也是整個馬料水山頭的拓荒。當新亞書院和聯合書院在1960 年代初跟崇基合組成中文大學而搬到馬料水，既然山腳已屬於崇基，於是兩所書院佔據山頂兩端，而大學行政所需的「中央」大樓，不少就蓋在下方山腰，今天被叫作「本部」的土地上。

這一切牽涉大規模的移山填海和建造工程，部分沙石就造出遠方觸目可見的船灣淡水湖。設計本部、新亞和聯合大量建築的工作，由一位醉心現代主義和粗獷主義的建築師包辦，他就是後來被視作中大總設計師的司徒惠。在那時代，建築師鍾情粗獷風格而可以這樣大規模地實踐的例子，環顧全球也不算多。喜歡建築的朋友說，香港像是有一整個山頭的粗獷建築戶外博物館，不少建築都保存得宜，值得宣傳更多，讓建築愛好者參觀與考察，彭展華的《未知的香港粗獷建築》(2003) 和「Brutalism Hong Kong」研究計劃的社交媒體，是最好的指南。

別錯過山上兩座水塔、佔地廣闊的教學樓、科學館那像太空船或飯煲的講堂、被學生稱作百萬大道的兩旁建築等，這些代表一個年代設計理想的建築，都值得花上一整天細看。

中大校園是全港最大的大學，而且書院之間，山上、山下呈現了兩種不同的建築風格。若是沒預留足夠時間，選擇看哪一部分，還真不易取捨。

Week 39

天水圍

標籤之外

東華三院
天秀墟

在香港大西北的天水圍，本是一個擁有大量紅樹林的地方，在 1990 年代初開始發展。千禧過後，這裏曾經是最大污名的社區之一，連環發生了幾宗倫常悲劇，報導深入民心；童黨和青年罪案似乎比其他地區普遍，而且經濟不景不成比例地影響這新市鎮，導致區內失業問題嚴重。大眾一時之間難以分辨，到底是天水圍的社會問題過度被曝光，還是各種問題真的在這裏被激化了。

2006 年，時任民政事務局常任秘書長林鄭月娥以「悲情城市」形容天水圍，一時間定義了一切，從此這地方有一種揮之不去的負面氣氛。同年，李克勤推出歌曲《天水．圍城》，林夕填的詞談到這個地區「圍住了」「血汗」、「跌宕」和「當初的厚望」，質問「誰策劃這寸地尺土」。那年「天水圍城」、「悲情城市」之說，讓全港聚焦天水圍的社會問題。

有人提出雖然天水圍的確有連串社會問題，但過度的聚焦無補於事，只會讓正在前線處理問題的人更加乏力，也會讓居民被標籤，生活得更無希望，又加劇了區內負面情緒。針對這種想法，創作者與作家紛紛發掘天水圍日常的一面，以「小論述」的另一重真實，抗衡悲情的「大敘述」。許鞍華電影《天水圍的日與夜》(2008)，拍攝一對母子在天水圍日常的生活，沒有外間想像的大悲劇，平凡中更見動人，他們的喜怒哀樂、困頓與希望，一如大部分人的日常，當中描述的情感、鄰里與社區關係，也如其他基層社區的生活。電影英文名字 *The Way We Are*，就是指向本來大家都近似的踏實生活。不幸的事確實曾接連發生，但這不是天水圍的一切。

在這種破除標籤的進路之外，關心城市發展與規劃的人很想問的是：規劃上的問題，是否真的加劇了當區的社會問題？這道問題不易回答，但到 2010 年，香港社會也許得到部分答案。《南華早報》的調查報導指出，1980 年代殖民政府跟發展商簽了密議，限制政府在區內發展商業，令區內嚴重缺乏應付生活基本所需的店舗與商業配套，例如超市與街市的營運被壟斷。其時，有評論者認為這份後來被取消的秘密協議是罪魁禍首，當中引發的經濟與民生問題，埋下各種社會問題與慘案的伏線。

這樣的討論在一個非常特殊的時刻開展。千禧過後，香港公民社會持續反思高地價與地產業對香港發展的深遠影響。2010 年，潘慧嫻的《地產霸權》（*Land and the Ruling Class in Hong Kong*, 2005）中文版出版，一石激起千重浪，成為香港人掛在口邊的議題，而《地產霸權》就以天水圍作為其中一個案例。如今十數年過去，當時的討論已消散，但天水圍啟發了許多人認真思考城市規劃與社會問題的關係，也思考如何破除社區的標籤和發掘其真實。

2020 年，歌曲《天水圍 Gang Gang》橫空出世，創作團隊「光頭幫 TomFatKi」與 Billy Choi 是在天水圍成長的一班青年，書寫他們在天水圍玩樂聚會的地點，讓人覺得「悲情城市」的形象終於完全褪去，在裏面成長的下一代人繼續書寫他們的天水圍故事，一如其他社區，新市鎮可積累情感與記憶，無法被簡單定義。

Week 40

將軍澳

以無街為有街

將軍澳是我這些年來帶過最多散步團、花了最多時間散步，甚至是書寫最多的香港社區。第一次受訪談及香港的某區，我選擇講這裏；第一次寫書，介紹十個香港地方，也包括這裏，後來還跟公民社會組織「創不同」一起策劃了專書《將軍澳，可以這麼說》。這一切，只有一個原因，我從十來歲開始住在將軍澳，直至三十來歲，度過人生最長的時光。

觀察這裏的城市空間與規劃，讓我深刻反思何謂「好生活」。有一段日子，尤其2010年前後，將軍澳是最常被引用去說明香港新市鎮的發展，就是走向「消滅街道」的路向。「將軍澳模式」是在無數大型基座商場上興建超高密度發展的屋苑，商場之間有冷氣通道連接，居民日常生活幾乎不必踏出商場，毋懼日曬雨淋，方便到底，但代價是大型連鎖店主導商場消費，小店甚少，也沒有市區看見的街道生活。雖然不少1980年代之後的新市鎮都是這個模樣，但將軍澳總被視為「無街之城」的極致，鐵路把每個區域如寶琳、坑口和將軍澳站等的商場羣組連在一起。

曾遇過無數不熟悉將軍澳的人說，在這裏很容易迷路，搞不清屋苑之間的分別，也搞不清哪道天橋連向哪一道橋。用城市研究的說法，將軍澳是沒有街道生活的發展模式，欠缺民間活力和多樣性，讓人難以產生地方感（Sense of place）。但是，這個地方同時有力地快速提供一切基本生活需要，生存以上，生活以下，如果要在假日尋找有魅力的地方，居民可能要往市區去。依書直說的話，那大概是對的，但要實際理解將軍澳人生活的幸福感（Well-being），可能又複雜一點，其中可有幾重思考。

首先，空間深深改變人的意識，將軍澳模式似乎讓幾代人偏好沒有街道和社區的生活，那種習慣與取態是真實的，亦一定程度上挑戰了傳統上「美好城市生活就是有多元街道生活」的理解。不過，這樣的理解模糊了規劃正義的問題，大部分在將軍澳鐵路上蓋的都是私人屋苑，佔去最受喜愛的地段，遠比公共房屋的地理位置方便，因而變成了生活中心——住在公共房屋的人生活被私人屋苑的設計影響。無論如何，我們可以說，「將軍澳模式」，甚或「康城模式」，成為了很多香港人真實的日常和選擇，在這樣的選擇下如何改進城市空間，便是全新的問題意識了。

另一重反思是，將軍澳曾被區議會喚作「健康城市將軍澳」。這種新市鎮比起市區規劃了更廣闊的公園和綠色空間。雖然無街可行，但居民可以享用一定的開放空間，這也是許多人忽略而將軍澳居民喜歡談及的，尤其是區內的單車徑設計完善，鼓勵單車主導的移動模式。

最後一重思考是，即使無街，看似截斷了人與人之間的互動，將軍澳居民還是有空間的創造力，創意、小店與社區連結還是可在各種角落滋長，例如是放鷂鵡的社羣、鴨仔山的街坊自發公共建設、慧安商場的實驗小店，也曾有專門聚集讀詩社羣的書店「詩斧」等。

多年來，將軍澳「悶」的形象和論述深入民心，但這裏的種種矛盾與可能，反而讓我們發現一種踏入 21 世紀之後，非常真實但比普及論述複雜一點的、對美好生活的香港想像。將軍澳沒有傳統的街道，但有機的互動還是能在其中滋長。

Week 41

上水
邊境交易站

有幾位朋友是上水人，對上水非常有歸屬感，也以是上水人為傲，經常說服大家上水不是想像中遙遠。上水和粉嶺不像後來的新市鎮將軍澳和馬鞍山等，商場和街道生活相對平衡，有從往日墟市演變過來的熱鬧區域石湖墟及聯和墟，而且比其他新市鎮更早就連接鐵路，本應有齊宜居社區的各種元素。

深深影響上水過去二十年發展和形象的，是它的地理位置和政策變化。接近中港邊境之餘，更是兩地鐵路最直接連結的城市地帶，上水的商場和店鋪就成為從深圳前來的內地旅客第一站購物地點。就此而言，上水有了「邊境市鎮」（Border town）的特質，那因為最接近邊界，如果有往返兩邊而容易獲利的活動，會非常顯著地影響這地方的發展。當時上水的情況是，深圳居民可往來搜購內地沒有的貨品，令上水的店鋪經營者有經濟誘因轉向服務他們；於是，上水居民與專注於本地消費的商戶，容易跟前者摩擦而形成矛盾。民生層面的張力已是不易消弭，加上文化差異、中港融合隱藏的政治問題，上水頓時變成了充滿衝突的地方。

2003 年沙士疫情過後，「港澳自由行」的政策推出，不久之後連同人民幣升值的效應，隨後幾年開始，不少自由行旅客集中在香港大批購物，上水由此迎來最深遠的改變。其時，最受媒體與公眾關注的是，嬰兒奶粉開始缺貨，水貨客作為塑造城市的力量旋即引起全城關注。上水一下子人頭湧湧，租金上升，供遊客和水貨客消費的空間，幾年間蓋過了本地人的生活空間，例如鐵路站，甚或街道變了整理貨物的地方，藥房成了上水最多見的店鋪。大概從那時候起，矛盾愈見尖銳。

2012 年，有幾次示威在上水站內發生，可說是因自由行政策和旅港消費現象帶來的中港矛盾的爆發點，其他與上水無關的討論也捲入其中，形成激烈衝突。而連番衝突過後，上水似是「回不去了」，及後情況稍有緩和，新冠疫情後社經狀況改變，上水不再面對「邊境市鎮」和「水貨城」的問題，然而這個社區的形象仍像停留在那幾年。

疫情期間，流動被限制，一直聽到在上水的朋友說，這社區似是時光倒流，重新有街坊小店決定開業，上水忽然有幾年回到往日因為在偏遠處而有的寧靜。

十年河東，十年河西，到了這幾年，香港人北上消費成了大潮流，經濟流動的方向逆轉，上水作為水貨交易站的角色減退，或至少重新讓人提起勁看它日常的一面。除了石湖墟，從上水可走到梧桐河，沿河而行，是許多人會錯過的風景。附近的粉嶺高爾夫球場，收回建屋與否的爭論引發社會關注，部分土地改作公園，高球場本也有可參觀的部分，俱是上水步行可至的空間。

Week 42

坪輋

邊境日常

鐵路發展和新市鎮發展影響一般大眾對新界的認知，對很多人來說，若非必要，香港較北的地帶，他們大多只去過粉嶺、上水這些鐵路沿線，附近仍然有商場和屋苑，不難掌握的地方。我也不例外，至二十來歲為止，除了新市鎮，對新界遼闊的大部分土地都非常陌生。

2010 年前後，香港宛如經歷了一場重新認識北區的運動：新界東北發展計劃出台，該計劃提出在馬屎埔、古洞和坪輋三個地帶興建新市鎮。後來這計劃經歷多次轉變，名稱換過，影響的範圍和規劃內容也改變了。

其時的城市發展計劃讓一定數量的香港人認識，在粉嶺以北的香港，有不少非原居民居住的村落和農田，有些人幾代都扎根在那裏，亦有各種貨櫃場、貨倉、輕工業設施，那是「另一個新界」，是佔地甚廣但多年來沒有受到注視的新界。

那陣子，冀望保育農田和非原居民生活形態的人，花了很多力氣讓人重新看見遼闊新界土地上最日常的模樣。因緣際會，我結識了坪輋的居民，有幾年不斷在那一帶的村落，開展一些文化活動，嘗試在荒廢多年的村校辦藝術展覽，也跟他們學習，做過無數次導賞。

要不是居民介紹他們的家園，我實在不會知道，從粉嶺站坐一程小巴到坪輋總站，一下車鑽進馬路兩旁的小路和石路，就能通往不同的農田和田野旁無數的小屋。田野的背景，就是遠方深圳的城市天際線。各種各樣矛盾事物在此並置，作為旅遊景點的雲泉仙館、居民唯一可光顧的餐廳、典型的鐵皮士多、想吸引家庭遊玩的士多啤梨園、舊日的村校校舍、汽車維修中心等。在禁區邊界放寬前，在坪輋甚至可徒步就行到邊境，也是新鮮的體驗。

歷史上有一段長時間，深圳與香港的邊界間是政治緩衝的禁區，這禁區與邊界以南的新界土地，也因為緩衝的想像，一直相對低度開發。我們不一定在坪輋才有上述體驗，如今只要去那些接近邊界的地方，漫無目的在村路裏閒逛，也可遇上另一個香港。在此，鄉郊生活跟被視作應「棄」在「後院」的厭惡設施與棕地混雜在一起。

那片在「邊界狀態」的香港，看來將隨着禁區放寬和北部都會區的發展計劃開展逐步消逝。在粉嶺或上水坐上一架向北行駛的小巴，到達總站後走近邊界，浪踏在農田之間的小路，近距離觀察棕地的變化，才是真正地踏足過新界。

那些年，很多人重新發現新界，我也因而認識了一系列的地方，諸如馬草壟、虎地坳、華山、坪洋、香園圍、蓮麻坑等，這些地方讓我深刻地感到，其實我並不如想像中認識香港。當郊野公園和山徑愈來愈多人認知和探索，邊界附近的香港還一如往日般帶點神秘感，那神秘正是邊界間的敏感遺留下來的氣氛。

海與島

城市研究中有港口城市的概念，這些城市接近海洋，不僅關乎物流，還會衍生各種使用地方的文化。談香港，當然會說到島嶼與海洋，還有因海而被創造的橋、通道與居住形式。有說最能代表香港的是它的海港，但地理意義上的港和港口外，還有人跟海親近的文化，以及隨之而來的想像。

Week 43

鴨脷洲大橋

海上散步

Ⓗ
海與島

→

Week 43
鴨脷洲大橋

很久以前聽說鴨脷洲是地球上首幾個人口密度最高的島嶼。站在鴨脷洲大橋上，最可感受到那種高密度的奇觀，利東邨、鴨脷洲邨、海怡半島和新近落成的住宅，像被細緻拼湊好的一塊塊積木。鐵路會開到這裏，大概是自然而然了，如今很難想像，曾有那麼一段時間只能通過水路到達此地。

有段時間，許多人都論述香港作為「天橋之城」，行人可以不着地走路。那樣的天橋和通道有不同種類。我很喜歡問朋友，雖有多少天橋無數，但在被海洋包圍的香港，如你要用天橋步行跨過大海，有多少道橋可以做到呢？想像有一天行人可過橋橫越維多利亞港，會是多震撼的事？在此之前，可讓大家在「海上」走路的，就只有將軍澳跨灣橋、連接荃灣和青衣的青荃橋、連接下葵涌及青衣的青衣南橋，還有將香港仔和鴨脷洲接合起來的鴨脷洲大橋。

城市研究與社會學有大量關於流動的討論，橋多與此課題有關，難免側重它們的連結功能，讓人與交通工具可在其中過路，而高橋也是獨特的公共空間。我雖畏高，仍特別享受逗留在架得特別高的跨海橋上，看橋兩邊像被分隔開的海、海上川流不息的船，以及橋上來往不絕的路人、跑手和汽車。

現代跨海大橋可以定義都市的形象。最顯著的例子當數三藩市，橙色的金門大橋就是舊金山的標記，在橋上散步亦被視為到訪該城不可錯過的體驗。人、車、鐵路共行的大橋特別有魅力，紐約市的幾道橋，像是布魯克林大橋和曼克頓大橋，多是電影取景之地，角色在多線行車的橋道旁行走，被呈現成特別重要的城市移動經驗，如《有人喜歡藍》（*Blue Valentine*, 2010）。站在橋上，腳下就是海洋，是有別於在高樓高塔上、另一種居高臨下觀看城市的角度以及「過海」的經驗。

特別喜歡在鴨脷洲大橋上來來回回行走與逗留，那高度令它跟一般天橋和河上的橋非常不同。走在橋的兩邊，有全然不同的景觀。一邊可看見香港仔和鴨脷洲各自的地景之餘，可一覽船隻不斷往來、繁忙的香港仔避風塘；另一邊看到深灣，珍寶海鮮舫曾經就在這邊，現在只餘下太白海鮮舫斯人獨憔悴。

大橋也製造了平常不易遇到的橋下空間，為了讓船隻駛過，橋道特別高，站在橋兩端的下方，各有讓人想逗留的公共空間。鴨脷洲那邊是街坊喜歡晨運、跑步的大片平地，香港仔一邊則是個小石灘，旁邊是全記船排廠，也是香港仔景觀獨特的一角。

無論站在橋上，或是走到橋下，這是兩種截然不同的體驗。鴨脷洲大橋總是提醒我，橋不只是為了移動與連接而存在，也可以關乎逗留，與城市形象。

Week 44

坪洲

島民生活

在官方簡介中，香港有二百六十一個離島。這數字，大概沒多少人認真記下。

曾幾何時，離島跟渡假這個想法緊扣，深埋在普羅香港人的意識裏，因此上世紀末，在離島租渡假屋過夜，就是今天 Staycation 的前身，有的情侶會自我放逐去離島，也有年輕人三五成羣結伴玩樂。當時，旺角有一些小店專門經營渡假屋業務，可供人提前預約；又或直接前往離島，有不同公司在碼頭招生意，也讓租屋的人相認取匙。

那些年，離島好像也有分主流、不主流，最多人去長洲和南丫島，渡假屋最多；熱愛露營的則會選擇塔門、東龍洲和蒲台島等。這些在離島的遊歷也曾被記在文學作品中，例如多年前讀到也斯的散文〈吉澳的雲〉(1978)，一直想去看看，卻始終未曾動身。

有人開始用不同的視角看離島，而不再只想到渡假。有不少人正視各個離島上，不少居民的真實生活與傳統——很多時候，假日到達島嶼的遊人想像中的悠閒，跟島民真實生活距離八丈遠。另外，有一羣學者組成「島嶼研究網絡」，引用學界島嶼研究的視角，以海洋為中心的角度觀看離島，再思香港文化，例如街渡的營運與交通網絡的發展，跟市區看待交通、物流與發展的視野完全不同，以陸地為中心的城市研究，讓人容易忘記島上有另一種秩序，這些都值得被注視。

除此之外，有些期望在高度資本主義的主流生活外另闢蹊徑的人，開始視離島為生活的實驗場，特別是藝文工作者和自由工作者，在不同的島上尋求另類節奏的生活可能。當他們搬到離島，也呼應上述的兩點，通過書寫和研究展現更真實的島民生活，以島嶼為中心的觀點思考香港，藉以思考另類的發展道路和生活模式。

近年，我認識不少藝文工作者嚮往坪洲的步調，也喜歡它相比其他離島，相對較少遊客，而遷進島上居住，他們的選擇讓我想更了解這小島的魅力。我幾次在島上四處遊走，往南通往南灣的一段臨海路，有極其美麗的風光，但往北走原來不遑多讓，沿海路上看到居民共享的椅子和健身設施，讓人休息或運動。這是搬到島上的人追尋的，也是社羣營造的可能。

這些藝文工作者擺脫人們以往那種只把離島連繫到渡假的說法之餘，同時努力建立全新的離島文化。就如，在坪洲扎根，起初叫作「島民空間」，後易名為「南灣書店」的地方，由 Kit Chan 和 Myriem Alnet 開創，他們同時創辦了專門論述島與坪洲的獨立雜誌《Islanders 島民》，也共同發起了「船到橋頭生活節」，通過藝術與文化節目，邀請大眾更深入認識島民的生活。他們也跟社區一起，在荒廢了一段時間的坪洲戲院，策劃社區活動。

當我去坪洲探訪他們經營的空間，切實地感到離島的「文藝復興」，如何強調他們獨特的文化以及歷史，讓人更想擺脫主流食玩買的旅遊資訊，希望多走幾步路，跟在地的人進行深度交流。

對了，當我們在坪洲閒逛，遠離打卡景點，或者就會發現坪洲北端的路連住另一微型島嶼大利島，像是離島的離島，也是一道特別的風景。

Week 45

大澳

在邊緣的水鄉

當大眾想像旅遊景點該有的模樣，必定會數到「水鄉」這類地方，像威尼斯、布魯日、蘇州等，在運河、水道等水旁散步像是有種難以抗拒的浪漫。或者因此，被稱為「東方威尼斯」的大澳，常被列為香港必去的旅遊景點，但可能又因這說法太過泛濫，很多人去大澳總是來去匆匆，做完各種「必做」的事，拍到「必拍」的照片就離去了。

有幸認識大澳居民的後代，以及在這從事社區工作和教書的朋友，我在十多年前開始放下對大澳的刻板印象，將其視為值得進一步探索的地方，才真正看見大澳之大。很多年前，我讀過社會學家孔誥烽的〈千年的壓迫、千年的抵抗：殖民主義前後的大澳蜑族〉(1998)，提到大澳面向海洋的歷史很動人，跟主流的香港故事不同，他們頻繁被驅逐，而且在地理意義上也完全處於香港的邊緣，幾近位於這座城市的最西邊。

如今被視為重要景觀的大澳棚屋歷盡磨難，曾被殖民政府視作寮屋與非法建築，幾乎被全部拆掉；到了千禧後，棚屋才完全被視為民間特有的建築遺產，不再面臨尖銳的清拆威脅。然而，棚屋仍需面對另一種永劫回歸般的威脅：火災、風災、雨災，一直在摧毀這些脆弱的建築。

外來人不易有住進棚屋的經驗，僅可透過部分被改裝成咖啡店和食肆的棚屋，略為認識住在棚屋的艱難。也因此，若要感知大澳之美，除了優美的風景外，也要體會克服艱難、保存一種「非正規」建築的意志。

「大澳文化工作室」在 2001 年成立，由館長黃惠琼一人在沒有資助下經營，多年來講述大澳歷史文化，以及居民在棚屋生活的日常故事，曾經難得在主要街道永安街上設置小型博物館。在博物館文化還未像現在般成熟的香港，竟有人將民間博物館的觀念實踐，實在不可思議。依稀記得，從前每次大澳遇上颱風雨災，電視新聞上都會看到工作室受破壞。最後，業主收回百年老宅，加上資金短缺，工作室經營至 2016 年閉館，這種艱難是我每次到大澳都想起的事。近年，新一代人在大澳邊陲位置成立「大嶼文化工作室」，期望繼續由下而上、從生活經驗出發推廣大澳文化，也是一種對大澳文化工作室的致敬。

在棚屋與小店林立的街道穿梭散步固然是美妙事，也是不少人在大澳的必然選擇，但我總忍不住向朋友推介幾條「多走幾步」路徑。完全筆直、有點長度的大澳海濱長廊，連接大澳巴士總站和南涌村，是香港讓我行走得最快樂的路之一，尤其入黑之後，走在其中猶如在海上漂浮前行。路上看到的，一邊是海，另一邊是大澳鹽田的遺址。曾經有不少計劃提出將這條長廊轉化為旅遊資源的願景，例如重新讓人參觀、了解鹽業的歷史，但一直以來都沒有實現。

另外，沿石仔埗街一直走到盡頭，走到新基大橋並行遍新基街兩端，或沿吉慶後街一直走到盡頭，都是遊客較少探索的路，可以見到更多棚屋和另一面的海。

對不同城市來說，「都市邊緣」意味着怎樣的形態，可以十分多變，有的關乎邊界間的文化流動、有的跟中心有極大差異，當思考什麼是香港的「都市邊緣」，我總想到大澳這地方。

Week 46

馬灣

像異類的島

Ⓗ
海與島

→

Week 46
馬灣

總覺得馬灣是奇特的存在。香港有很多大家喜歡到訪的離島和小島需要坐船前往，事前要先留意船期，錯過了尾班船無法離開，需要等天光了。唯獨馬灣，有密集的穿梭巴士，甚至可以坐的士經陸路前往。

或許因為這樣，人們數着有什麼離島可以渡假或散心時，不太會數到馬灣。即使是小島，它不完全是「離」島，不僅有車路可進，連接這個小島跟大片土地的（其實也是島，只是香港較大的島嶼），更是香港其中兩組最大型和最顯著的基建——青馬大橋與汲水門大橋。

在城市研究中，有研究者分析基建的選址跟城市發展緊密的關係，例如紐約市的長條狀高架公園，就是以原來的火車軌道改成，後來改變了沿途社區的發展。

馬灣這小島，可說是當中極致的例子之一，也扣連了香港 1997 年的大轉折。聽過最難忘的說法是，英國殖民地政府的香港機場核心計劃，也就是坊間所稱的「玫瑰園計劃」，如何永遠改變了這小島的命運。原本「歲月靜好」的馬灣，因着接通大橋，車輛從橋上可駛到島上，交通方便了，大規模建屋也就順理成章。如果大橋只是在空中橫過馬灣，或是在旁邊經過，馬灣至今也許跟其他離島會被視作同類，但如今可說是離島中的「異類」。可以坐車到馬灣這件事，就這樣隱然連接着香港的大歷史。我不禁想像，對於一直在馬灣生活，80 年代還是以捕魚為生的居民來說，目睹那一切轉變，有多震撼？

若外國朋友到達香港後，坐巴士從機場前往各區，必然會經過青馬大橋，我總提醒他們經過時可向下望，就會看見一個有大型私人屋苑的小島，而這是一件「很香港」的事，因為在其他城市的島上，很難找到這種大型房屋發展。事實上，大多遊客或因機場快綫經過青衣站，猜到青馬大橋的「青」是指青衣，但搞不清楚當中的「馬」，其實是指細小的馬灣。

當我們坐渡輪或巴士到馬灣，很容易以為馬灣等同屋苑珀麗灣。交通工具由屋苑營運，碼頭名為珀麗灣碼頭，餐廳和超級市場都在其附屬的商場裏。走在其中，遊人能感受到這個小島的「異類」，融合了最典型的香港生活模式和海島風光。這種體察是去馬灣不可錯過，也不會錯過的。

馬灣當然不只有珀麗灣，而是有其他民居、小店、昔日的校舍芳園書室、佔地甚廣的馬灣公園，而曾幾何時荒廢多年的馬灣舊村及馬灣大街，是可被自由探索的一片廢墟，經歷多年後終於被改建成讓藝術家租用的工作室。不過，我總認為，馬灣對遊人來說，或者也像一個專門為了觀賞大橋的觀景台。不少遊人為了近距離看到青馬大橋，會在黃昏時等待直至亮燈。

最奇幻的是，馬灣跟基督宗教無甚關連，但竟有一艘挪亞方舟在這裏，是為馬灣公園的延伸。當中的原因是，各方曾想像這大片土地，能讓香港有一座在島上的主題公園，發展商甚至曾經與迪士尼公司商討把香港迪士尼設於此地。最後，迪士尼落戶竹篙灣，馬灣上的主題樂園輾轉變了挪亞方舟，可說為馬灣離奇的命運，添加了更難以解釋的一頁。

一條青馬大橋，讓這個小島的命運從此不同，但怎樣的分析，或者也難以預料；除了大型屋苑，這小島上竟有一艘方舟，發展的軌跡接連一地文化和偶然，也讓無法想像的地標誕生。馬灣，真是個「異類」！

Week 47

東岸板道

負空間

香港是被海包圍的城市，綿長的海岸線是它的資產之一。海岸線的範圍，尤其是港島北岸，大多被轉化為海濱長廊，是香港最典型的一種公共空間。

多年前，在銅鑼灣避風塘，曾看見有一段不在地面上的東區走廊，劃過海上。經過時，我看見有人站在海上的橋墩釣魚，以為他是水上人，用自己的艇駛近橋墩再爬上去，後來更仔細看，才發現在附近活動的人，以木板搭了一條路，讓他人可以從岸邊踏足橋墩。

在香港島北岸其中一種獨特的衍生空間，就是東區走廊這大型基建所產生的橋下「負空間」—— 橋下是海，它幾乎不存在，無法讓人使用與立足，只是巨大的橋墩讓我們感知到這裏有一片空白。

負空間可引出創意，例如曾有攝影機構以游擊方式把照片投影到走廊的底部，將那平面用作大屏幕。這樣的空間也有一種基建式的宏偉美感，在北角汽車渡輪碼頭對出的公園或海裕街盡頭，看到橋底光影，負空間形成了一個框，框住海洋和對外的天際線，同樣吸引不少攝影師專門取景。

我一直喜歡觀察東區走廊的負空間和在附近逗留，在新聞上讀到走廊下其中一段真的會建設板道，將橋墩連接起來，讓行人走進去使用這片空間時，實在非常驚喜。

過去一段時間，全球的城市設計者不斷想像如何改造橋下空間，例如建設大型滑板場、公園，甚至是辦公室。東區板道的「破格」在於，橋下的空間本來是不存在的，而是被創造出來的新空間。

如果視板道作為一種方法，可以鼓勵我們觀察城市負空間的多重層次，並思考可否將想像的空間轉化成實體。舉例來說，近年有些城市讓人在大橋頂端步行，作為一種考膽量的活動，也是看到了原本只存在於想像的一「面」。經常在城市負空間之間跳躍移動的飛躍道（Parkour）參與者，就是看到了許多這樣的可能。

北角的板道分為東段和西段，除了有讓人休息的公共空間和移動用的通道外，橋墩上亦設釣魚區，尊重本就在這些空間的使用者。北角海濱像被拉闊了，讓人思考這種海面上的公共空間在未來是否可繼續改良演化，甚至成為香港一種被人記得的特有空間？東區走廊下的板道，拉闊了「海濱」的想像，海濱長廊本來是見慣見熟的地方，如今讓人又有新動力在海旁好好散步。

移動

不必是「浪漫交通迷」，也知道城市流動性的重要。除了地方本身，城市也關乎人們如何來往不同的地方。在香港，移動的方法無數，交通工具以外，不能不數扶手電梯和升降機。一座城市不僅關於停留的空間，也關乎移動的速度與路徑，這些因移動而產生的空間也不可遺漏。

Week 48

電車

在叮叮上減速

29
堅尼地城

許多城市都有標誌性的交通工具，不只載客，也成為一座城市的重要符號，像是葡萄牙里斯本的電車、德國烏帕塔爾懸空纜車（高架懸掛式的古老懸浮列車）、倫敦的地下鐵等。在香港，我覺得有不止一種，而是兩種具代表性的交通工具，一是天星小輪，一是擁有過百年歷史的電車。這兩種交通工具雖為遊客所愛，但也是香港人日常會乘搭的。

我在港島讀中學時，同學總有亂傳的傳說和狂想，說早晚九龍新界也有電車。身邊總有同學狐疑，明明彌敦道很適合同一個方向不斷前行的電車，為何電車只是港島限定？從那時開始，我暗自覺得電車所以獨特，在於它是香港島的標記，竟有那麼一種交通工具，是專屬城市裏其中一個區域的。電車提醒我們，港島曾經與九龍、新界有巨大差異，有港島人甚至以懂得搭電車而自傲。

何謂懂得搭電車呢？說來其實也不易，經常坐電車的人，能一眼分辨電車站是往東或是往西，上車前也會看看車前顯示的目的地，判斷該電車可否到達某一站；更進階的是能在繁忙時間靈活地擠上車、下車。電車站沒有人排隊，每次停站的位置也有不同，乘客往往蜂擁而上；而且，車廂狹窄，移動和下車都需要技巧和運氣。我常開玩笑說，急躁的香港人能在電車上保持克制，不大打出手，真是香港最大的奇蹟。

從青年時期開始，我就一直想從堅尼地城總站坐到筲箕灣總站（或倒轉），總覺得搭一次全程電車是每個香港人應該體驗的事，然而將屆不惑之年仍未實現這個願望。這種最長路線的電車，不論從東行或西行，最後一班都在晚上七時就開出，無法在夜深搭上。

每一個人或許有偏愛的一段電車路，而最廣受愛戴的算是駛進北角春秧街的一段。露天街市的攤販幾近貼住車軌，是香港最獨一無二的街道風景之一。而我最喜歡電車拐彎和上下斜坡，平時看似只能直行的電車，像是被推向極限。

同時，有不少人鍾情於特定的電車型號，曾聽朋友說，她的孩子三歲已學懂堅持等到最古老、在 1949 年戰後開始行駛的 120 號電車才願意上車。

每次想起電車，我都會想起陳果導演的電影《去年煙花特別多》(1998)。戲中有一幕，有人爭執時把另一位乘客從上層車窗拋出車外，就是如今那種很用力才可打開的大窗。而電車作為香港一種標誌的角色，也經常在其他電影中現身，如譚家明的《烈火青春》(1982) 和關錦鵬的《胭脂扣》(1987)。

電車總被認為是緩慢的交通工具，但車速可達每小時四十多公里。相對其他講求效率的公共交通工具，電車讓這座城市多了一種最為人所見、會移動的浪漫，為香港人提供了一種唾手可得從生活中「減速」的選擇。聽說上述最長的一段路，也不過行駛九十來分鐘，但我們總會忘記在繁忙中，可以抽九十分鐘出來享受生活，趁記得不如現在去坐一程「叮叮」。

Week 49

合和中心

子彈粒與旋轉餐廳

香港是垂直發展的高密度城市，除了「正常」的公共交通工具外，向上移動的電動設施是行人省下腳骨力的捷徑和快速通道，也算是另類的交通工具。依山而建的行人電梯，在港島不僅有最受人注目的中環至半山自動扶手電梯系統，亦有在西環正街的行人輸送帶。廣東話所說的「電梯」有時解作扶手電動梯，有時則指𨋢，即運送人與貨物，盒子形狀而垂直移動的升降機。

搭𨋢跟搭乘扶手電梯，都是香港人絕對不缺的城市經驗。扶手電梯會衍生出各種文化與討論，升降機亦然。葵涌邨在 2022 年首設斜行的公共升降機，對香港人來說是新鮮事，也有人特意前往乘搭。近年在住宅和工廠那種要人手拉開或關上鐵閘的老舊升降機，成為一種獲特意記錄的迷你古蹟。

在其他國家，我有過最獨特的升降機經驗，要算在法蘭克福大學圖書館，裏面有幾部木製的無門升降機，持續不斷上落，要看準時機「跳𨋢」才能進出。至於在香港，當數到坐「子彈𨋢」的經驗。「子彈𨋢」形容的是形狀，有一邊是弧形玻璃窗，既讓升降機內的乘客觀景，在外面的人也能遠觀裏面的乘客，並且會見到升降機外露的部分像一顆子彈般上下移動。「子彈𨋢」是往日的時尚設計，標榜走在潮流尖端的商場與酒店會特意配置，這也是一種細心，讓使用者即使在移動的片刻也得到難忘的體驗。佐敦的逸東酒店就有從室外下降至室內的「子彈𨋢」，光顧室內酒吧的人更會見到電梯在頭頂移動。

1980 年落成的灣仔合和中心，樓高六十六層，曾有九年是全香港最高的大廈，亦特意建設「子彈𨋢」，足見它曾經走在時代前沿。兩部懸在大廈外牆的「子彈𨋢」從十七樓通往六十二樓，在香港是「路程」最長的了，難得仍在運作，大廈也特別稱其為「觀光升降機」，僅僅走進其中已是一種特色觀光。如今識途老馬就會知道，走到十七樓可尋找電梯大堂，隨電梯扶搖直上，就可對維港景色一覽無遺。

另一種要提到的另類移動形式，也跟這部「子彈粒」有關。合和中心建成之時，還有一個時尚至極的設計，頂層是可三百六十度移動的旋轉餐廳，整層樓會緩慢旋轉，食客安坐餐桌前，就能看到不同角度的風景。如今這餐廳還在，近年供應自助餐，繼續在旋轉。

這種移動形式跟「子彈粒」都是來自上世紀末的潮流產物，如今剩下不多。曾幾何時，建築設計費盡心思發展「觀景」的可能，那是個無法想像如今航拍機可輕易從高空一覽城市風景的時代。

Week 50

中環半山

扶搖直上的日常

就如前述，「中環價值」的討論引發我對中環作為「矛盾CBD」的觀察，天星碼頭與皇后碼頭的保育運動啟發我多看這區百花齊放的歷史建築，而在此之外，中環還有一面讓我着迷的，就是作為上班族活動的地帶，可見各種貼近日常生活的空間和活動平行存在。

被王家衛的電影《重慶森林》拍下而讓世人趨之若鶩的城市空間，不止有重慶大廈，更經典的可能是1993年啟用的中環至半山自動扶手電梯系統，讓人可像在中環半空飄浮般，不費力就到達半山。這幾年我總喜歡問朋友，你有沒有搭完這電梯覆蓋的整段路？我在香港活了三十多年，在疫情時終於特意試了一次，從電車路一直往上搭至干德道。這本來專為通勤一族和居民而設的基建，提醒我們另類的城市移動速度與經驗已很吸引，就如電影畫面所展現，可讓行人忽然貼近民居的窗戶，以另一種視角看城市。

沿這條路來中環的人，可以跟這裏的日常空間碰撞。在士丹利街最受注目的一列大排檔轉角，有堅持煮新鮮牛雜粉、開業超過半世紀的排檔水記。堅持在戶外的斜巷賣並非人人懂得欣賞的內臟，跟中環表層的光鮮有着強烈對比，但在很多打工仔心目中，水記是最中環的空間。

上到嘉咸街，自20世紀初已開業的市集如今被新落成的高樓牢牢包圍，但賣新鮮食品的檔口依然留守，混雜的氣味超越人們想像裏中環的商業味道。再到士丹頓街，在中區卅間街坊盂蘭會對出的街道上，你還有機會遇上佔據大半條街的盂蘭盛會。凡此種種，都不是典型蘇豪想像裏那個中環。

半山扶手電梯以外，另一條帶我們看到生活中環的路線，是多年來改變幾次的孫中山史蹟徑。這裏要提及的不是孫中山在香港的足跡，反而因着對這些地點的現狀好奇，我曾在這路線遇上了中環容易被錯過的日常空間。

尋找興中會會長楊衢雲在 1901 年被清廷暗殺而亡的位置，會引領人同時走到他創立的輔仁文社遺址，即今天的百子里和百子里公園，以及從公園通往其他幾條街道的小巷。像百子里公園那樣被老房子包住，隱身斜巷裏的中環口袋公園還有好幾個。它們是中環的秘寶，在各種樓梯小巷間穿插，旁邊有時是酒吧，有時是老士多，有時是依樓梯而建的廟宇，這種無比混亂的城市經驗，亦是中環最獨特的一面。

說到日常，不得不提還有另一條路線，就是走到蘭桂坊。夜生活地帶與城市最核心商業區毗鄰而居也是鮮見的。從上世紀 80 年代被創造出來蘭桂坊的狂歡，既與中環其他部分形成強烈對照，也為中環「什麼都有一點」的獨特再添一筆。蘭桂坊曾讓人覺得是中產專業人士或外國人才去的消遣地點，漸漸變成普羅大眾都會想起的娛樂之地，近年曾一度有人說，只有少年人才願意踏足 LKF（蘭桂坊的拼音簡稱）了，成熟的人都漸漸遠離。蘭桂坊在不同年代也許吸引了不同的人，到了今天，它實在沒為到訪的人帶來什麼門檻或壓力，像是歡迎所有買醉的人之地，也是中環諸種日常的一部分。

中環各種日常生活的空間彷彿被壓縮在一處，彼此僅幾步之遙。中環難以被一種觀點定義，正因如此，它所散發的魅力，也是香港這座城市最打動人之處。

Week 51

渡輪

慢船就是浮城

KEEP CLEAR
THE MOORING ROPE

港鐵、巴士、小巴、電車，各有交通迷研究，盛載不同的城市移動經驗，但要說專屬於香港的公共交通流動體驗，不能錯過渡輪與各種船隻，這種移動方式讓我們專注於思考，海洋同樣是香港的城市空間。

幾年前天星小輪經營困難的新聞觸動大眾，讓大家互相提醒，不要忘記有空就去乘搭這種收費相宜的交通工具。幾塊錢就能看到「世上最無敵風景」的交通工具，如今已是老生常談，也是許多遊客絕不會錯過的體驗，但在日常生活忙碌之際，我們總是忘記了，這並非專門為觀光而設的渡輪，而是讓人在城市中心忽然可轉換至讓人放緩腳步、靜下心神歇息的空間。小輪之於香港，不只是交通工具，也是讓乘客可暫時漂浮於維港，用另一視點觀看香港的簡易方法。畫家楊學德的作品《往北角的慢船》，有渡輪的搭客在讀書，北角的建築和天際線只佔畫面一小部分，海洋才是佔去大部分畫面的主角。

近年我曾應不同機構邀請策劃了幾次「天星小輪遊」，在籌辦的過程才知道，小輪也有包船服務，而包船最特別的是可以跟船長商議路線。小輪在特別的情況下，可以離開平常的「航道」，在維港「打橫」行走，西至青衣和貨櫃碼頭，東至鯉魚門，真正全覽維港，而我才留意到「在維港之中」的海洋視點，尤其離開慣常小輪航行的地帶，跟平常的城市視角不同，也會遇上無數臨海工作和活動的人。

這樣的特別航線，有機會一定要一試，即使未等到有機構舉辦活動，我也經常鼓勵朋友試試搭盡在維港來往的航線，例如來往北角與紅磡、北角與九龍城、觀塘與西灣河，以至將軍澳至西灣河的渡輪。這些路線，來來往往的在維港行走，連同其他來往離島的渡輪，也可讓人用全然不同的角度看香港。

視線離開維港的話，在香港範圍內可搭到的公共船隻還有非常多（部分路線可在運輸署網站的街渡列表找到），這些「流動空間」加起來，就是另一個非根着的「浮城」，讓人可「立足」於陸地之外的位置去看城市。有些街渡，像獨立書店那樣，是薄利和艱苦服務街坊的西西弗斯式經營，同樣是會被人錯過的香港「迷你空間」，例如從西貢黃石碼頭和馬料水開出的船，或是香港仔與鴨脷洲之間來往的，不妨逐一拜訪。

另一種則是水上人的生活空間舢舨，沒有渡輪和街渡般正式，但他們也會隨機地接載有需要的人。香港仔避風塘的舢舨很有趣，船家喜歡分享海上的生活，這些船家亦提供正式的觀光舢舨遊，卻較少人知道。跟維港的觀光船相比，這種舢舨遊遠離了最典型的風景，也很值得一坐。

香港教育大學主辦「香港海洋文學」計劃，整理了大量跟海洋相關的詩與散文，在網頁上可讀得到。我總喜歡跟朋友說，跳上不同的船，慢慢讀那些作品，是我很想定期舉辦的文化活動。

Week 52
其後，第五十二星期

一座城市由無數地方組成，這一句好像廢話，但城市之於人的意義，不在於抽象的總體概念，而是在於那些真實讓人們生活開展、盛載喜怒哀樂的地方，它可以是一個區、一個公園、一個商場，也可以是一片田、一間學校、一卡車廂。

地方不獨讓生活開展，還反映政策與規劃的取態，體現塑造它的經濟過程與活動；它讓文化滋長，促成人與人的連結，也孕育新的意念。地方由權力形塑，但不是一成不變的，人有能力改造地方，而集體嘗試改造地方的行動，能改變社會的價值觀，促使我們重新思考什麼是美好的城市生活。

美好的城市生活，其實就由無數充滿意義的地方組成，而那些意義是由使用者長年累月建立的。若城市裏沒有大家關心、喜愛和願意在其中逗留的地方，就會變得了無生氣。

在生活繁忙的日子，我們視地方為理所當然存在的，它們是日常的背景，未必會令人駐足思考，這片地方發生過什麼事？對不同人有何意義？經歷過什麼變化？我想像有一種閱讀地方的能力（Place literacy），如果一個人對地方的過去、變化和意涵敏感，就會自行探究，對所有在乎的地方都認知更多，並主動跟他人分享。

雖然人在乎一個地方時，或許會自然尋找相關資訊，但也可能缺乏契機和動力。因此，地方書寫（Place writing）很重要，各種書寫能激發人們「閱讀」一片地方，渴求更多關於地方的故事。一個人考究的時候，也可從他人的地方書寫，迅速閱讀那地方的一些可能，有些是客觀的敘述，但主觀的想像同樣很動人 —— 有人在乎一個地方，和書寫的原因，可能是完全主觀的，但當我們讀着他的文字，也會對地方加深了認識，因而讓人有了另一種想像。

兩位人文地理學家對地方的定義饒有深意，或許可以他們的說法作為總結。朵琳．瑪西（Doreen Massey）著名的理論提出，地方關乎軌跡（Trajectories）的交匯，各種使用這地方的人做着不同的事。他們來臨、逗留和離開，帶着其他從地方所得的想法與前因而來，也會帶着被地方影響的思緒與行為往其他地方去。一個地方的獨特性，就由這些交錯的軌跡組成。

喬恩．安德森（Jon Anderson）則形容，地方的一種重要元素是痕跡（Traces）。人們使用、為地方賦予的痕跡可以被消滅，但不會完全消失。痕跡可被發現，留在地方之中，而累積的痕跡決定地方未來的模樣，以及影響人們與這地方建立關係。

想像花一年時間，前往五十個地方重新認識香港，並作五十次簡短的地方書寫，算是我給自己的小練習，把種種記得的地方軌跡與痕跡寫下，盼望能拋磚引玉，邀請更多人書寫香港，也期望讀到其他人認為應該加入清單上的地方。每一次的地方書寫，都是參與一場大對話，這些文字正在回答，香港這座城市代表什麼、香港是怎樣的地方。

來到第五十二週，我沒有選擇任何地方，而是邀請你一起安靜坐下，拋開「香港是一座怎樣的城市」這道問題，書寫一個你最在乎的香港地方。你可把文章傳給我、傳給你的朋友，我希望逐一走訪大家覺得重要的地方。

網絡上有一句廣受流傳的句子，不是來自任何經典，也不是偉人的名言，寫這些文章時，我一直想着這一句話，也以此作為這幻想中一年旅程結束時的結語。願地方書寫讓我們記住，「凡走過必留下痕跡」。

這座城市叫香港

作者、攝影
黃宇軒

文稿協力
曾曉玲

圖片協力
樊樂怡（大澳）、姚詩婷（上水）

策劃編輯
史曉晴

美術設計
鄭志偉@SomethingMoon Design

出版發行
突破出版社
香港沙田亞公角山路 33 號突破青年村
電話→ 2632 0000
傳真→ 2632 0388
電郵→ breakthrough@breakthrough.org.hk
網址→ http://www.breakthrough.org.hk
http://www.btproduct.com

2025 年 7 月初版 1 刷
2025 年 8 月初版 2 刷

This City Is Hong Kong
by Sampson Wong
First Printing, First Edition, July 2025
Second Printing, First Edition, August 2025

Printed in Hong Kong
ISBN 978-988-8846-25-2

誠邀閣下就突破出版社的書籍發表意見
歡迎加入突破出版社 Facebook page：http://www.facebook.com/btbooks.page
本書採用環保油墨印刷